# 型紙いらずの着物リメイク
# チュニック&ワンピース

松下純子（Wrap Around R.）

- 02 本書の着物リメイクの特徴
- 03 着物リメイクができるまで
- 04 ひとえローブチュニック
- 05 ひとえローブリボンチュニック
- 06 ひとえローブリボン・ミディアムチュニック
- 07 ひとえローブワンピース
- 08 か・た・や・まワンピース
- 09 か・た・や・まチュニック・ショート
  か・た・や・まチュニック・ロング
- 10 しぼりリボンチュニック・ショート
- 11 しぼりリボンチュニック・ロング
- 12 Aラインチュニック・ショート
- 13 Aラインチュニック・ロング
- 14 シノワローブチュニック・ロング
  シノワローブチュニック・ショート
- 15 シノワローブワンピース
- 16 カジュアルバルーンチュニック
- 17 カジュアルバルーンワンピース
- 18 ひらりボレロ・ロング
- 19 ひらりボレロ・ショート
- 20 すかしワンピース
- 21 すかしチュニック
- 22 かわりえりガウン
- 23 かわりえりベスト
- 24 ふわりジャンパースカート風チュニック・ロング
- 25 ふわりジャンパースカート風チュニック・ショート
- 26 はおりローブ・ショート
- 27 はおりローブ・ロング
- 28 エプロンワンピース・ショート
- 29 エプロンワンピース・ロング
- 30 和布ネックレス
- 31 小さなしみや日焼けあとの残る着物のリメイクテクニック
  丈や幅を調節する方法
- 32 着物リメイクQ&A
- 33 作り始める前に
- 34 作り方解説

## 本書の着物リメイクの特徴

重ね着しやすく、着回しもきく、
パンツやスカートとも組み合わせやすい、
もちろん1枚でも楽しめる
チュニックとワンピースの着物リメイクブックです。

本書の着物リメイクは
ほどいて長方形になった着物地を
まっすぐ縫い合わせていくだけ。

着物は、基本の幅(前身頃、後ろ身頃にそで)と、
その半分の幅(えり、掛けえり、おくみ)の2種類だけで作られていますが、
この本でも、その2種類の幅だけでリメイクできるものにしました。
だからこそ、大切な着物にほとんどはさみをいれずに作ることができます。

どれも
● 型紙いらず
● フリーサイズ
● 丈は60㎝、66㎝、88㎝、100㎝の4パターンで
洋服作りのルールはとてもシンプル。
簡単なので、「これを着たい!」と思い立って作り始めてから
数時間で完成するのも嬉しいところです。

着物リメイク初心者さんだけでなく、お裁縫初心者さんも
この本があれば、素敵なチュニックとワンピースが気軽に作れます。

さっそく着物だんすをあけて、
思い出の詰まった大切な着物を
生まれかわらせてみませんか?

# 着物リメイクができるまで

## 1　下準備

まず、片そでだけをほどき、寸法を測ってからぬるま湯と重曹で洗う（詳細は 3 参照）。陰干しして、中温でアイロンをあてたら（スチームにしない）再び寸法を測り、洗う前の寸法と洗ったあとの寸法を比較し、縮み具合を確認する。5cm以上縮んでいたら、残念ながらその着物はリメイクにむかない。3cm程度の縮みの場合は、もう一度洗って、乾かしてみて、それ以上縮まなければ使える。

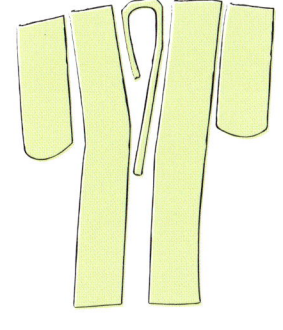

## 2　着物をほどく

残りのそで、えり、おくみを身頃からはずし、次に表地と裏地をはずす。最後に残りの部分を解体。古い着物は縫い糸が布になじみ、糸のすべりが悪くなっているので、引っ張らずに糸切りばさみかリッパーでひと目かふた目ずつ糸を切り、布を傷めないように丁寧にほどく。

## 3　重曹で手洗いする

たらい1杯分のぬるま湯（約30℃）に重曹、液体せっけんを大さじ1ずつ入れてよくかき混ぜる。そこに四角くたたんだ2を入れて10分ほどつけ込む（色落ちが激しい場合は、すぐにぬるま湯から引き上げて、水と重曹、液体せっけんを混ぜたものに5分程度つけ込む）。よくすすぎ、バケツ半分の水にクエン酸ひとつまみを入れ、3分ほどつけ、最後に、軽くしぼる。
※環境のためには重曹やクエン酸を使うのがおすすめ。なければ、おしゃれ着用の中性洗剤で水洗いしてもよい。

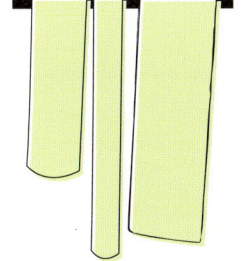

## 4　陰干しする

ぬれた着物地に軽く中温でアイロンをあてて、しわを伸ばしてから陰干しする。

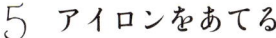

## 5　アイロンをあてる

乾いたら、再度、着物地にアイロンをあててしっかり伸ばす。

## 6　ミシンで縫って完成！

ウールや厚手の正絹、木綿は縫いやすいので初心者むき。綸子などのやわらかい布は、すべりやすく縫いにくいので、まち針を多めに打つなどするとよい。

03

### ひとえローブチュニック

着物地の前身頃と後ろ身頃だけで作れます。首まわりにゴムを入れて少しギャザーを寄せ、やわらかな印象に。同じサイズの4つのパーツを縫い合わせるだけのシンプルな作りが特徴です。着丈60㎝。使用した着物地は麻。

→ 作り方はP34

### ひとえローブリボンチュニック

「ひとえローブチュニック」(P4)のアレンジ。首まわりは後ろにゴムを、前はひも（リボンでもよい）を通しています。ひもをゆったりしぼるか、きつめにしぼるかで着こなしの変化が楽しめます。着丈60㎝。使用した着物地は正絹。

作り方はP34

### ひとえローブリボン・ミディアムチュニック

「ひとえローブリボンチュニック」（P5）に、スカートとそでをつけてアレンジ。正絹と違い水に強いポリエステルの着物地を使ったので、雨の日も安心して着られます。着丈88㎝。使用した着物地はポリエステル。

→作り方はP36

### ひとえローブワンピース

「ひとえローブチュニック」(P4)にウエストゴムのスカートをつけてアレンジ。踊り用の個性的な柄の浴衣で作りました。着丈100㎝。使用した着物地は木綿（浴衣）。

→ 作り方はP37

### か・た・や・まワンピース

着物リメイクで余りがちな、切り込みの入った身頃の「肩山」(P33参照)部分。これは、そんな肩山の切り込みを中央の胸元にいかしたワンピースです。かぶるタイプなので、作りやすく、ゆったりとして着心地のいい1枚。重ね着にもむいています。着丈100㎝。使用した着物地は正絹(綸子)。

作り方はP38

## か・た・や・ま チュニック・ショート

細みのパンツと相性のいいショート丈のチュニック。胸元とそで口のバイアスはあえてアクセントとなる色にして。ワンピースで着るには派手かなという着物地のリメイクにむいています。着丈約66cm（着物地の幅によって長さはかわります）。使用した着物地は正絹。

→作り方はP38

## か・た・や・ま チュニック・ロング

脇のすそにスリットを入れたので、動きやすく、着たときのバランスも軽やかになります。そでをロールアップするとカジュアルな印象に。着丈約100cm（着物地の幅によって長さはかわります）。使用した着物地は正絹。

→作り方はP38

### しぼりリボンチュニック・ショート

羽織の華やかな裏地で作った、アロハシャツのようなチュニックです。肩山からそで口にかけて通したひもを結んでしぼると若々しい印象に。着丈60cm。使用した着物地は正絹。

→ 作り方はP44

## しぼりリボンチュニック・ロング

「しぼりリボンチュニック」(P10)のロング丈アレンジです。着物のすそに大きく入っていた柄をいかしたデザインに。胸元に貝ボタンを縫いつけることで華やかなイメージになります。着丈88cm。使用した着物地は正絹。

→ 作り方はP44

### Ａラインチュニック・ショート

短めのスカートを作り、胸あて部分に縫い合わせます。リボンレースを使うことでロマンチックな雰囲気に。ロング丈にすると幼くなるような柄の着物地はショート丈にするといいでしょう。着丈60㎝。使用した着物地は正絹。

→ 作り方はP46

### Aラインチュニック・ロング

「Aラインチュニック・ショート」(P12)の切り返し部分にリボンを通してアクセントに。肩ひもは共布を使用。ハリのある銘仙を使うことで、パリッと仕上がりました。着丈88㎝。使用した着物地は正絹（銘仙）。

作り方はP46

### シノワローブチュニック・ロング

シノワテイストのデザインです。アクセントにした濃い緑色の飾りボタンの裏は、スナップで留めています。どんな体形にも合う人気のデザイン。着丈88㎝。使用した着物地は正絹。

→作り方はP41

### シノワローブチュニック・ショート

「シノワローブチュニック・ロング」のそでにボリュームを出してドレッシーなデザインに。丈を短くすることで、すそまわりがふんわりします。パンツにもスカートにも合う形です。着丈60㎝。使用した着物地は正絹（綸子）。

→作り方はP41

## シノワローブワンピース

「シノワローブチュニック・ロング」(P14)のアレンジです。前あきを作らず、そでは短めにして、かぶるタイプのワンピースに。チャイナ風の飾りボタンをつけました。ウエスト部分にギャザーを寄せてボリュームを出し、フォーマルな雰囲気に。着丈100㎝。使用した着物地は正絹。

→ 作り方はP41

## カジュアルバルーン
## チュニック

すそにゴムを入れてしぼった、人気のバルーン形です。身頃4枚にカフスをつけただけなので簡単に作れます。ハリのある着物地で作るとシルエットがはっきりして、少しモードな印象に。着丈60cm。使用した着物地は正絹。

→作り方はP58

### カジュアルバルーン
### ワンピース

「カジュアルバルーンチュニック」
(P16)をロング丈にしたアレンジ。
1枚でも重ね着でも、着回しのき
くデザイン。すそにゴムを入れず
にIラインワンピースとして楽し
んでも。着丈100cm。使用した着
物地は正絹（銘仙）。

→作り方はP58

## ひらりボレロ・ロング

季節のかわり目に活躍するはおりもの。1枚あると重宝します。夏用の着物「絽」にレースをあしらって軽やかに仕上げ、ロマンチックな印象に。着丈100cm。使用した着物地は正絹（絽）。

→作り方はP50

### ひらりボレロ・ショート

前をひもで結ぶデザインに。ひもの先に少し重みのある鈴をつけることで、前が開きにくい効果があります。鈴はビーズやとんぼ玉でもいいでしょう。着丈60cm。使用した着物地は正絹。

→作り方はP50

## すかしワンピース

大ぶりな柄をいかしたフォーマルウェア。同系色のチュールレースをスカート部分に重ねるので、強い柄の印象をやわらげ、着やすくします。もちろん華やかなイメージもプラス。着丈約88㎝。使用した着物地は正絹。

→作り方はP52

## すかしチュニック

着物としても洋服としても、そのまま着るにはちょっと派手すぎるかしら、と思う着物地は丈の短いチュニックに。色味の印象を落ち着かせるためにレースを重ねて。着丈60㎝。使用した着物地は正絹。

→作り方はP52

### かわりえりガウン

部屋ではおることのできるシルクのガウンを着物地で作りました。ウエストにリボンを縫い込んでいるので、前で留めることもできます。動きやすいよう、そでは七分丈に。着丈100cm。使用した着物地は正絹。

→作り方はP54

### かわりえりベスト

「かわりえりガウン」(P22)のえりのまわりに丸ゴムを通し、ストッパーをつけてスポーティにアレンジ。そではつけず、そでぐりにゴムを通し、大きなポケットをつけました。着丈88cm。使用した着物地は正絹。

→ 作り方はP54

### ふわりジャンパースカート風
### チュニック・ロング

ゆとりのあるジャンパースカート風チュニック。脇にゴムを通しているので、からだにフィットして動きやすいデザインです。胸元にはタックを寄せてドレープを作り、フェミニンな雰囲気に。着丈88cm。使用した着物地は正絹。

→作り方はP48

### ふわりジャンパースカート風
### チュニック・ショート

「ふわりジャンパースカート風チュニック・ロング」(P24)
のショート丈アレンジです。こちらもかぶるスタイル。
キャミソールのようにも、また重ね着しても楽しめます。
着丈60㎝。使用した着物地は正絹。

→作り方はP48

### はおりローブ・ショート

ジャケットとしても着られる便利な1枚。えり元にダーツを2本ずつとることで、首まわりをきれいに見せる効果が。ダーツをとったデザインポケットもつけました。着丈60㎝。使用した着物地は正絹。

作り方はP60

### はおりローブ・ロング

遊び心にあふれた着物地をいかしたくてロング丈にしました。前はスナップで留めるスタイルに。これなら着物地に穴をあけずに、また簡単に作れます。大きめの木の飾りボタンをつけてナチュラルなスタイルに。着丈88㎝。使用した着物地は正絹（ちりめん）。

作り方はP60

### エプロンワンピース・ショート

部屋着として楽しめるエプロンワンピースです。家事のときに便利な大きなポケットを2つつけました。肩ひもの長さは、結ぶ位置で調節できます。着丈88cm。使用した着物地は木綿（浴衣）。

→作り方はP62

### エプロンワンピース・ロング

「エプロンワンピース・ショート」(P28)のロング丈アレンジ。着物地の柄を前身頃は縦縞に、胸のポケットは横縞に使うことでデザインにメリハリがつきます。着丈100㎝。使用した着物地は正絹。

→作り方はP62

## 和布ネックレス

着物地幅の半分の細い布や余り布で作れるアクセサリーです。表と裏を違う柄で組み合わせると、首に巻いたときに変化がうまれて楽しい着こなしができます。色は同系色を組み合わせると間違いないでしょう。使用した着物地は正絹。

→作り方はP57

首にネックレスのようにかけるだけでアクセントに。シンプルな服に合わせます。デリケートな首すじに絹の肌触りが気持ちいいのも、ポイントです。

首にくしゅくしゅと巻いて楽しみます。男性がシャツやセーターに合わせて、華やかな色を巻くのもおしゃれですね。とても簡単なので、着る服に合わせて、さっと作れてしまいます。

# 小さなしみや日焼けあとの残る着物の
# リメイクテクニック

リメイクしたい着物の落ちない汚れ、使いたい柄のまわりにある小さなしみ、
日焼けのあとなどがあってもあきらめることはありません。
簡単でシンプルなひと手間でちゃんとリメイクすることができます。

**縫い糸を
ほどいたあとの汚れは
直線縫いでカバー**

着物をほどいたあと、縫い糸に沿って黒い汚れがついていることがあります。洗っても落ちない場合も多々ありますので、そんな場合は、汚れの上をステッチしてカバーしましょう。ステッチといっても難しいことはありません。直線に縫うだけです。糸は着物地に使われている色を使うといいでしょう。アクセントとなるよう、あえて目立つ色を使うのもおすすめです。

**小さなしみは
ビーズでカバー**

小さなしみが点々とついていたら、ビーズを縫いつけて。色は、着物地で使われているものを使うと合わせやすいです。せっかくのビーズなので、目立つように複数の色のビーズを使って縫いつけるのもかわいいですね。

**大きなしみは
刺繍でカバー**

ビーズなどでは隠しきれない大きめのしみは、柄の形に似せて刺繍します。華やかな柄の帯なら金糸や銀糸を使うと違和感なくカバーできます。

# 丈や幅を調節する方法

本書のチュニックとワンピースは、すべてフリーサイズですが、
より自分にピッタリなサイズに調節する方法をご紹介します。

### 丈を調節する

仮縫いし、一度着てみて好みの丈にピンを打つ方法でも問題ありませんが、自分ひとりでピンを打つのは難しいもの。おすすめは、お気に入りのチュニックやワンピースと同じ丈にすることです。

### 幅を調節する

縫い代で調節します。幅を狭くしたい場合は縫い代を多くとります。広げたい場合は、リメイク時に使用しなかった、えりやおくみの部分を足して調節しましょう。

# 着物リメイクQ&A

**Q** 使わないほうがいい
着物地はありますか？

**A** 縮みがはげしい、
絞りの着物はむきません。

洗った際の縮みが激しいため、絞りは服のお仕立てにはむきません。小物などに使うといいでしょう。また、すそやえりぐりなどの力のかかる部分の布は縦横に引っ張って、強度を確かめてから使いましょう。

**Q** 裁縫が苦手でまっすぐ縫えません！

**A** マスキングテープを利用しましょう。

写真のように、ミシンの針が落ちるところから、縫い代の分1cm離れたポイントに、5cm長さのマスキングテープを貼り、そのラインに沿って着物地を置いて縫うと、縫い代1cmでまっすぐ縫うことができます。

**Q** どんな道具が必要ですか？

**A** 特別な道具はほとんどいりません。

**a**ミシン **b**針さし **c**マスキングテープ **d**直角定規 **e**カッティングマット **f**メジャー **g**チャコペンシル **h**目打ち **i**リッパー **j**ロータリーカッター **k**ゴム通し **l**糸切りばさみ **m**手芸ばさみがあれば完璧です。**d e j**はなくても作れますが、着物地を扱うには、あるととても便利です。

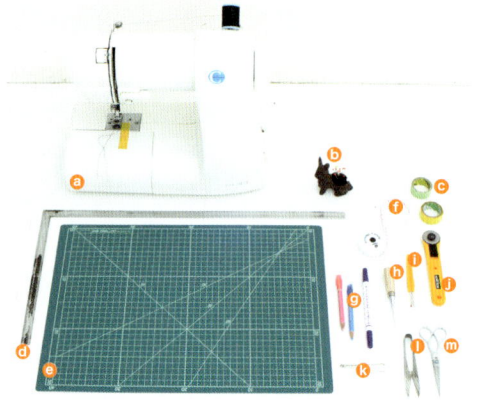

**Q** しみのある着物をうまく使うには？

**A** 内側に折り返す部分に使うといいでしょう。

小さなしみや日焼けがある着物を使う場合は、汚れが表から見えない内側や折り返し部分にくるようにしましょう。他の方法はP31を参照してください。

**Q** 裁断したら、どの部分に使うものか
分からなくなってしまった！

**A** マスキングテープで
印をつけておくと便利です。

マスキングテープに、「身頃」など各名称を書いて、布の表に貼っておくといいでしょう。柄の上下もこうすると見分けられます。

**Q** ロータリーカッターで布を
上手に裁つコツは？

**A** 下から上に！

写真のように着物地に直角定規を置いて、自分から見て下から上に、一気にロータリーカッターをすべらせると、きれいに布が裁てます。

**Q** 脇の縫い合わせが、
ぐしゃぐしゃになってしまいます。

**A** 縫い代を縫わないようにしましょう。

よくある失敗がこれ。布を直角に縫い合わせるとき、縫い代の端まで縫ってしまうと布がつれてしわになり、見栄えの悪い仕上がりに。写真のように縫い代の手前で縫いとめ、縫い代を倒してから、また縫い始めましょう。

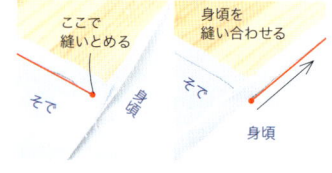

**Q** 着物を広げて裁つ場所がありません！

**A** 二つ折りにして裁てばOK。

ワンピースの布を裁つときは、写真のように、布を二つ折りにして裁断すれば、半分のスペースでOK。

# 作り始める前に

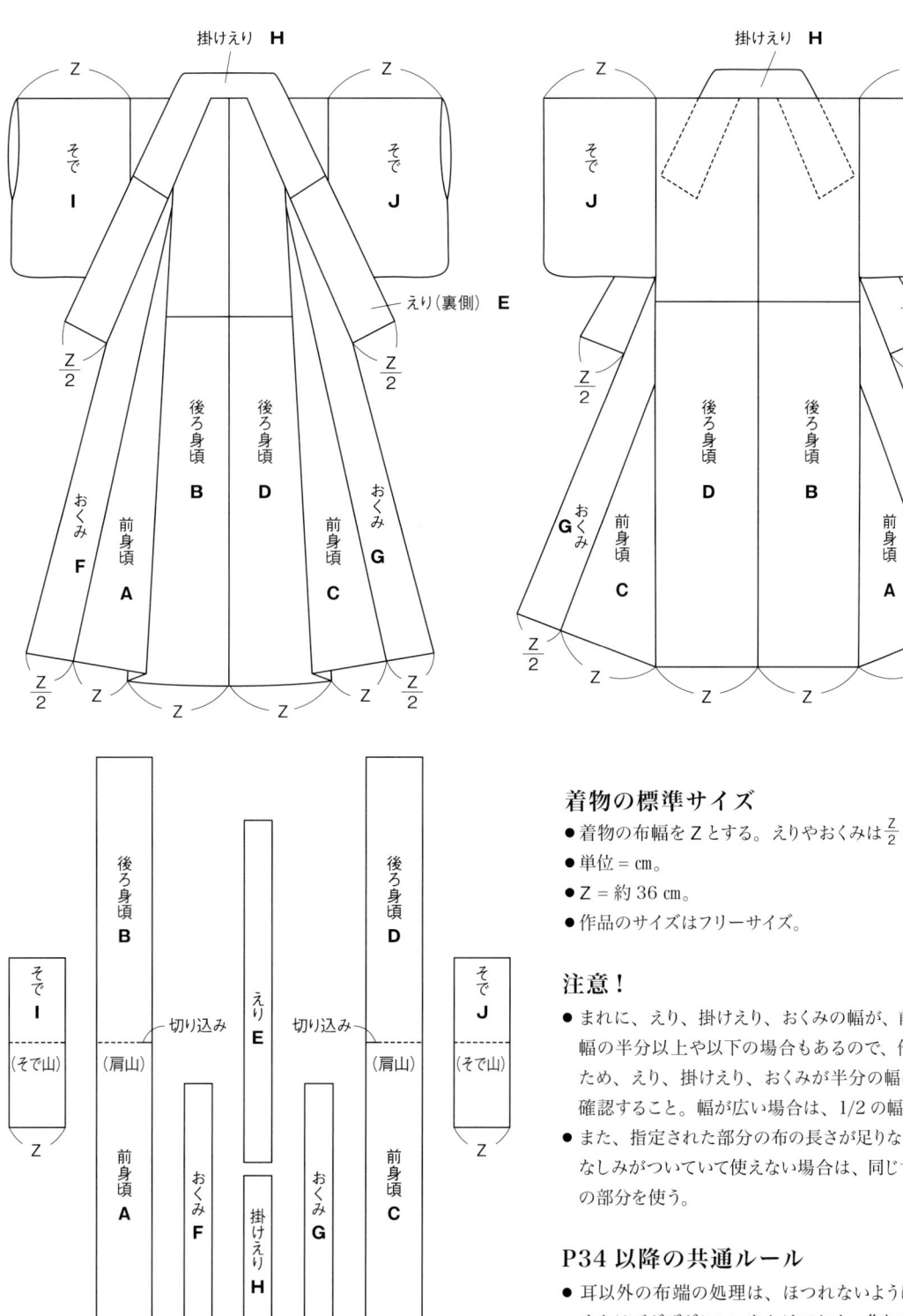

### 着物の標準サイズ
- 着物の布幅をZとする。えりやおくみは $\frac{Z}{2}$ とする。
- 単位 = cm。
- Z = 約36 cm。
- 作品のサイズはフリーサイズ。

### 注意！
- まれに、えり、掛けえり、おくみの幅が、前身頃などの布幅の半分以上や以下の場合もあるので、作る前に、念のため、えり、掛けえり、おくみが半分の幅になっているか確認すること。幅が広い場合は、1/2の幅に切っておく。
- また、指定された部分の布の長さが足りなかったり、大きなしみがついていて使えない場合は、同じ寸法がとれる他の部分を使う。

### P34以降の共通ルール
- 耳以外の布端の処理は、ほつれないようにロックミシン、またはジグザグミシンをかけておく。作り方の図では省略している。※三つ折りにするところはかけなくてよい。
- 縫い糸はすべて、強度が強く縫いやすい、ポリエステルのミシン糸がおすすめ。

# ［作り方解説］

## ひとえローブ

→ Photo P04,05

チュニック(あ) 　リボンチュニック(い)

**材料**
(あ)
着物……1枚
0.4cm幅のゴムテープ……24cm×2本
(い)
着物……1枚
0.4cm幅のゴムテープ……24cm×1本
太さ0.3cmのひも……62cm×2本

**作り方**　※布端の処理はP33参照
1 後ろ中心を縫う
2 前中心を縫う　※(あ)は後ろ中心と同様に縫う
3 肩と脇を縫う
4 えりぐりを縫う
5 そでぐりを縫う
6 すそを縫う

●製図　単位＝cm　Z＝着物幅
A、Bは着物の使用部分（P33参照）

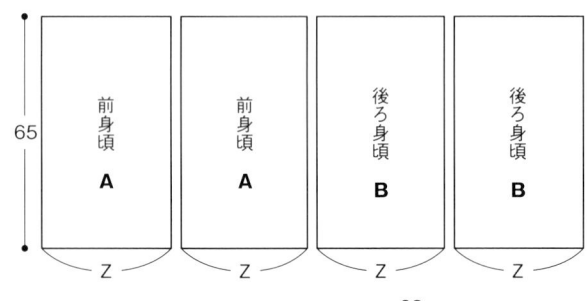

●でき上がり図

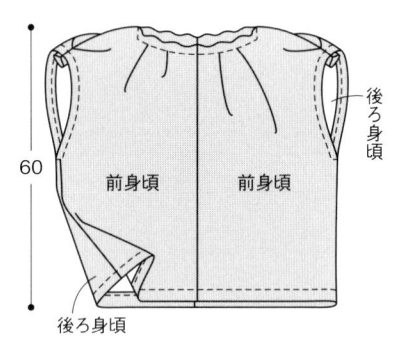

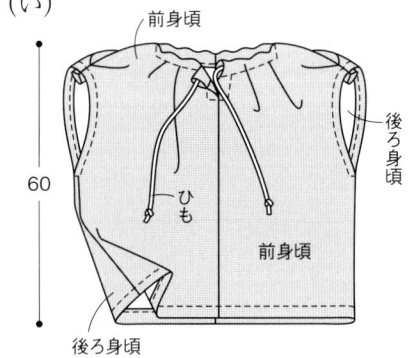

1. 後ろ中心を縫う

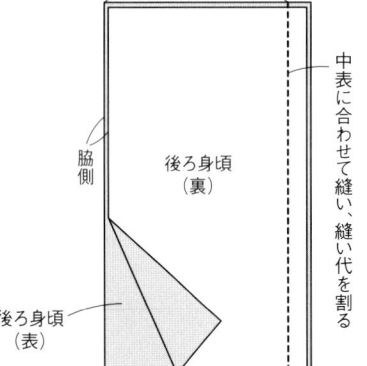

2. 前中心を縫う

※(あ)は後ろ中心と同様に縫う

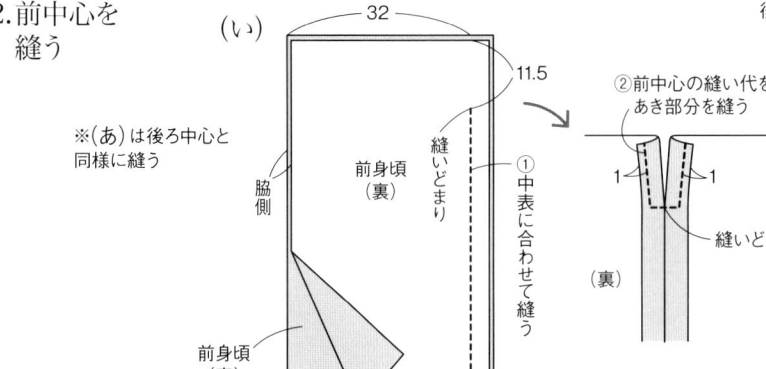

34

## 3.肩と脇を縫う

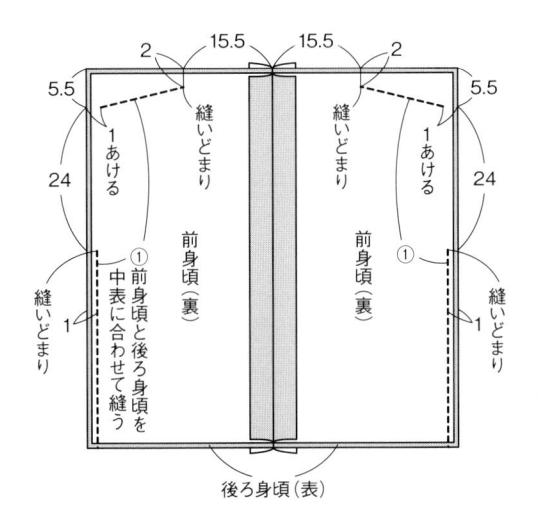

前身頃(裏)と後ろ身頃を中表に合わせて縫う

15.5　15.5
2　　　　　2
5.5　　　　5.5
1あける　　1あける
縫いどまり
24　　　　24
縫いどまり　縫いどまり
1　　　　　1

後ろ身頃(表)

## 4.えりぐりを縫う

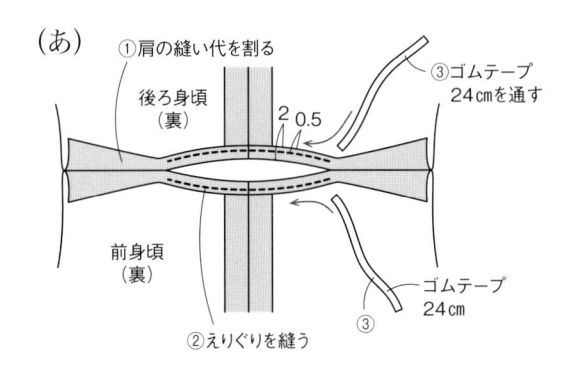

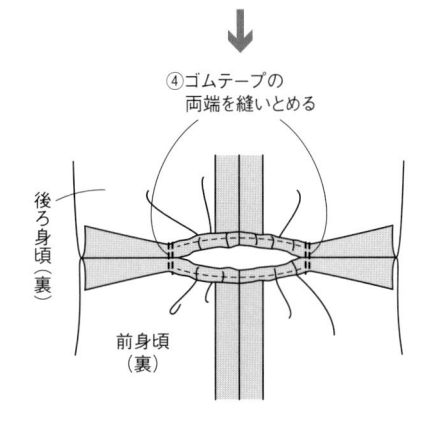

(あ)
①肩の縫い代を割る
後ろ身頃(裏)
③ゴムテープ24cmを通す
2　0.5
②えりぐりを縫う
前身頃(裏)
ゴムテープ24cm
③

④ゴムテープの両端を縫いとめる
後ろ身頃(裏)
前身頃(裏)

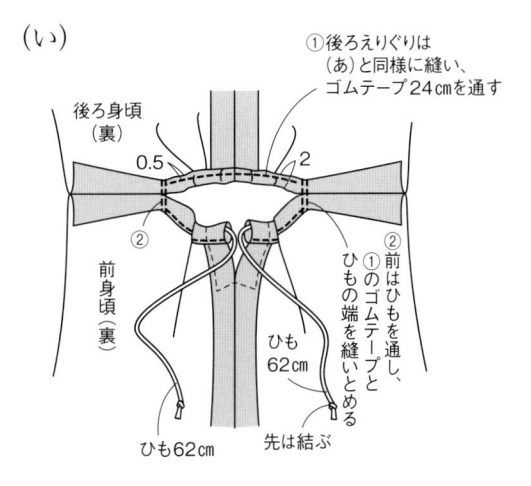

(い)
①後ろえりぐりは(あ)と同様に縫い、ゴムテープ24cmを通す
後ろ身頃(裏)
0.5　2
②
前身頃(裏)
②前はひもを通し、①のゴムテープとひもの端を縫いとめる
ひも62cm
ひも62cm
先は結ぶ

## 5.そでぐりを縫う

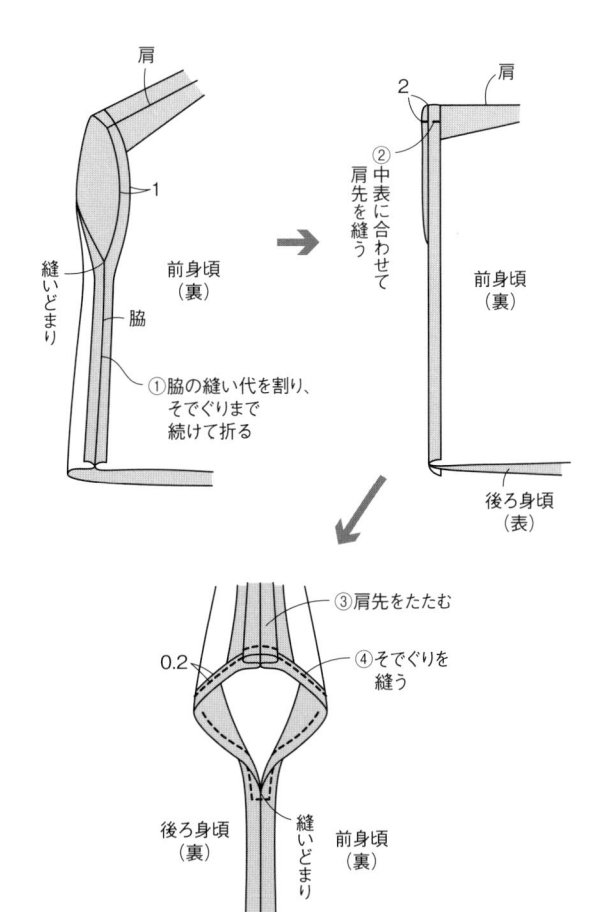

肩
1
縫いどまり
脇
前身頃(裏)
①脇の縫い代を割り、そでぐりまで続けて折る

肩
2
②中表に合わせて肩先を縫う
前身頃(裏)
後ろ身頃(表)

0.2
③肩先をたたむ
④そでぐりを縫う
後ろ身頃(裏)　前身頃(裏)
縫いどまり

## 6.すそを縫う

後ろ身頃(裏)　前身頃(裏)
三つ折りにして縫う
1　2

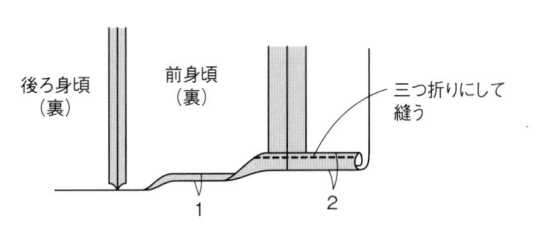

# ひとえローブリボン・ミディアムチュニック

→ Photo P06

**材料**
着物……1枚
0.4cm幅のゴムテープ……24cm×1本
1cm幅のリボン……62cm×2本

**作り方** ※布端の処理はP33参照
1 後ろ中心を縫う（P34の1参照）
2 前中心を縫う（P34の2（い）参照）
3 肩と脇を縫う（P35の3参照）
4 えりぐりを縫う（P35の4（い）参照）
5 そでを作り、つける
6 スカートを作り、身頃と縫い合わせる

●製図　単位=cm　Z=着物幅
A〜Jは着物の使用部分（P33参照）

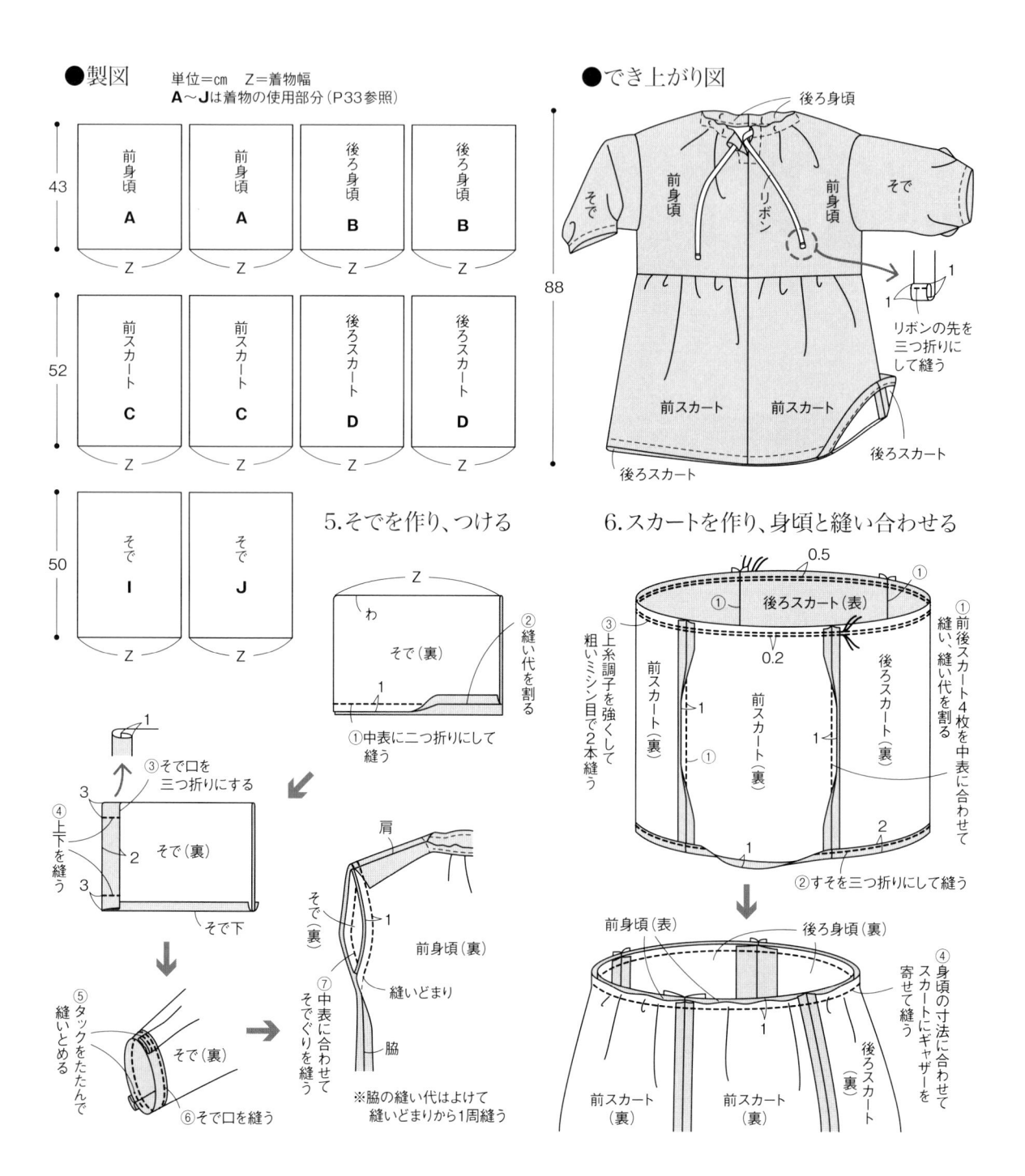

●でき上がり図

5.そでを作り、つける

6.スカートを作り、身頃と縫い合わせる

# ひとえローブワンピース

Photo P07

**材料**
着物……1枚
0.4cm幅のゴムテープ……24cm×2本
2cm幅のゴムテープ……85cm×1本

**作り方**　※布端の処理はP33参照
1 後ろ中心を縫う（P34の1参照）
2 前中心を縫う（P34の2（あ）参照）
3 肩と脇を縫う（P35の3参照）
4 えりぐりを縫う（P35の4（あ）参照）
5 そでぐりを縫う（P35の5参照）
6 スカートを作り、身頃と縫い合わせる

●製図　単位＝cm　Z＝着物幅
A～Dは着物の使用部分（P33参照）

48
前身頃 A ／ 前身頃 A ／ 後ろ身頃 B ／ 後ろ身頃 B
Z

64
前スカート C ／ 前スカート C ／ 後ろスカート D ／ 後ろスカート D
Z

●でき上がり図

100

後ろ身頃
前身頃
前スカート
後ろスカート

## 6. スカートを作り、身頃と縫い合わせる

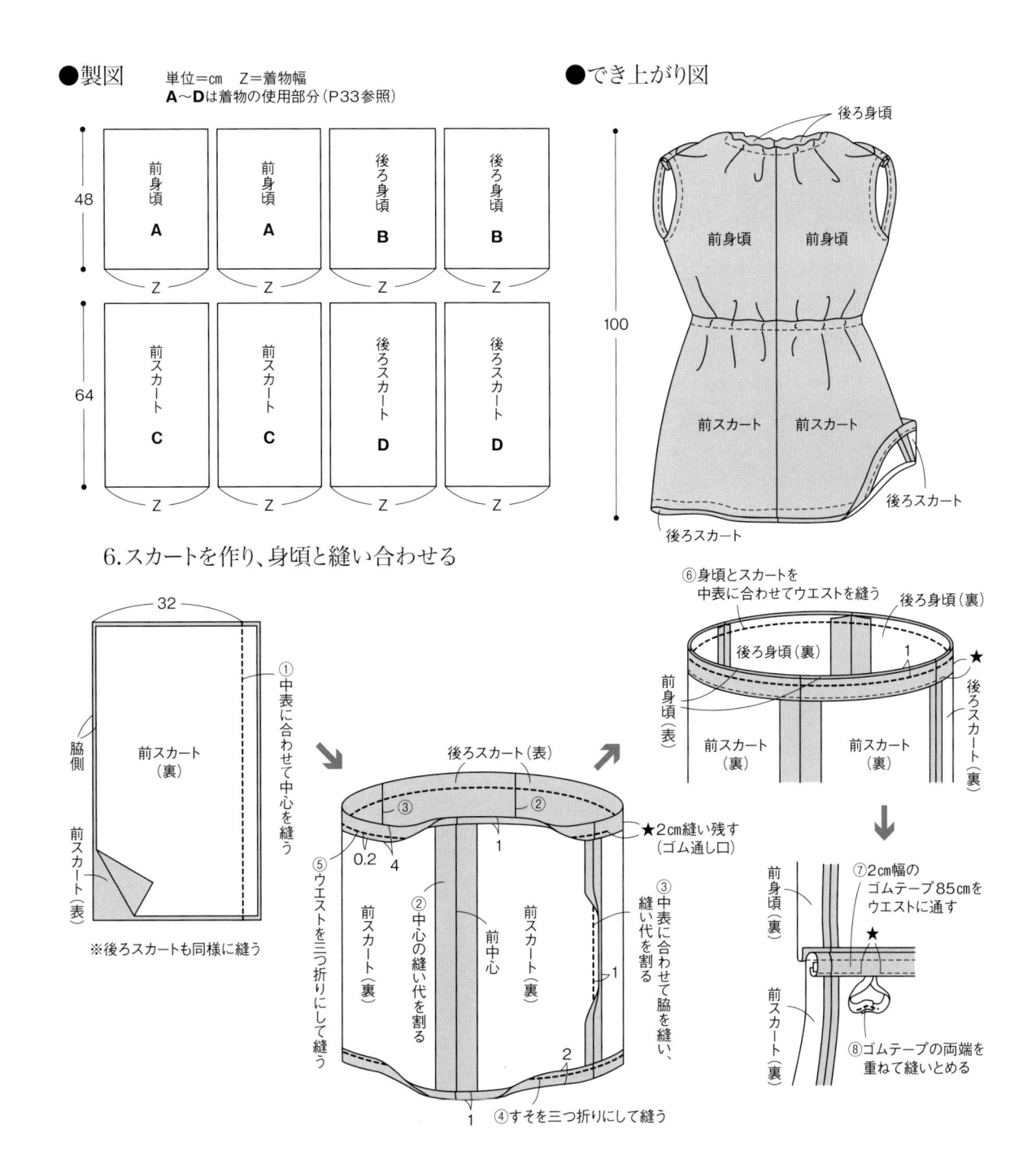

32
脇側
前スカート（裏）
前スカート（表）
① 中表に合わせて中心を縫う
※後ろスカートも同様に縫う

後ろスカート（表）
③　②
0.2　4
1
⑤ ウエストを三つ折りにして縫う
前スカート（裏）　②中心の縫い代を割る　前中心　前スカート（裏）
③ 中表に合わせて脇を縫い、縫い代を割る
1
2
④すそを三つ折りにして縫う

⑥身頃とスカートを中表に合わせてウエストを縫う
後ろ身頃（裏）
前身頃（表）
後ろスカート（裏）
前スカート（裏）
★2cm縫い残す（ゴム通し口）
1

前身頃（裏）
⑦2cm幅のゴムテープ85cmをウエストに通す
★
前スカート（裏）
⑧ゴムテープの両端を重ねて縫いとめる

## か・た・や・ま

Photo P08, 09

チュニック・ショート（あ）
チュニック・ロング（い）
ワンピース（う）

### 材料
着物……1枚
1cm幅（両折りタイプ）の
　バイアステープ
　……18cm×1本、
　　35cm×2本（あ、う）
1.2cm幅の伸びどめ接着テープ
　……35cm×2本

### （あ）（い）作り方　※布端の処理はP33参照
※（う）の作り方はP40
1　上・下後ろ身頃を縫う
2　上前身頃に切り込みを入れる
3　そでを作る
4　上・下前身頃を縫い、肩と脇を縫う
5　すそを縫い、スリットを作る
6　Vあきを作り、えりぐりを縫う
7　そでをつける

●製図　単位＝cm　Z＝着物幅
A～Gは着物の使用部分（P33参照）

※60（☆）は身頃幅。広くまたは狭くする場合は寸法をかえる

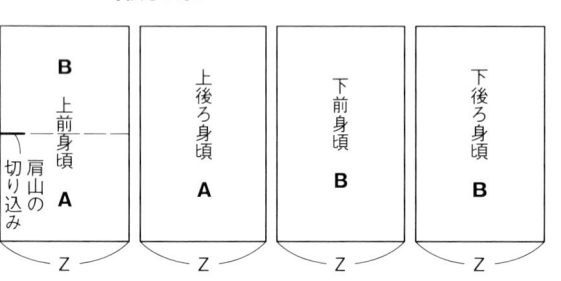

B 上前身頃 肩山の切り込み A
A 上後ろ身頃
B 下前身頃
B 下後ろ身頃
60（☆）　Z

※上前身頃は着物にある肩山の切り込み部分を活用

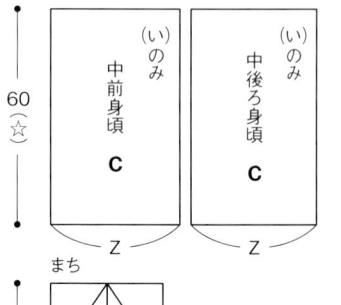

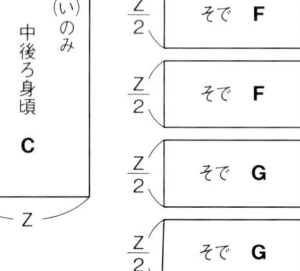

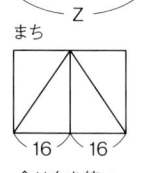

C （い）のみ 中前身頃
C （い）のみ 中後ろ身頃
60（☆）　Z

そで F　Z/2
そで F
そで G
そで G
（あ）41
（い）57

まち 23
16　16
余り布を使い、4枚に切りはなす

### 1. 上・下後ろ身頃を縫う

（あ）
上後ろ身頃（裏）
②縫い代を割る
①中表に合わせて縫う
1
下後ろ身頃（裏）

●でき上がり図

（あ）
上後ろ身頃
そで
上前身頃
まち
まち
下前身頃
スリット
下後ろ身頃
66

（い）
上後ろ身頃
そで
上前身頃
まち
まち
中前身頃
中後ろ身頃
下前身頃
スリット
下後ろ身頃
100

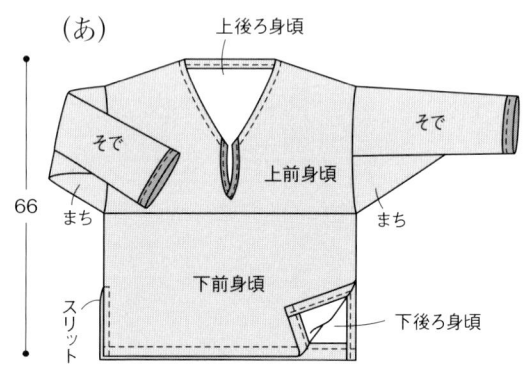

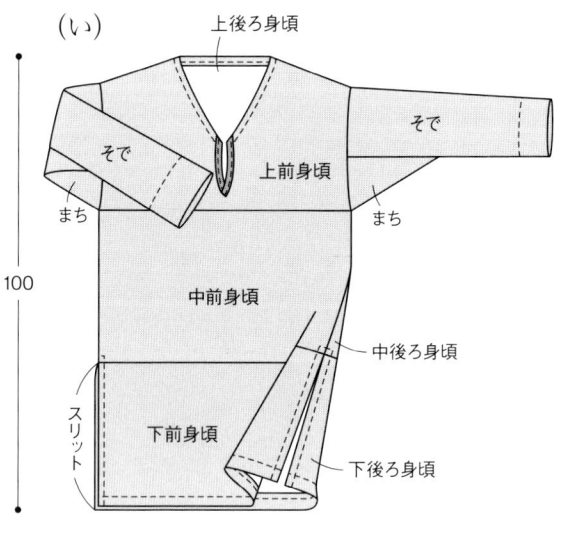

※着丈は着物幅36cmの場合

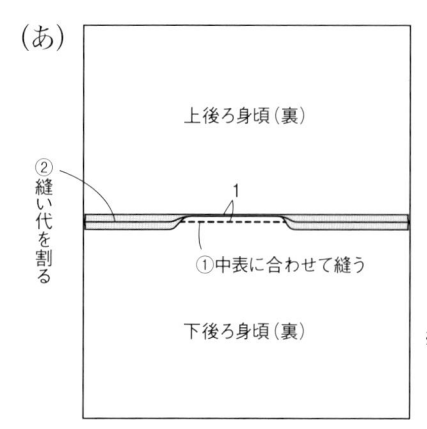

※（い）は上・中・下後ろ身頃を3枚縫い合わせる

## 2. 上前身頃に切り込みを入れる

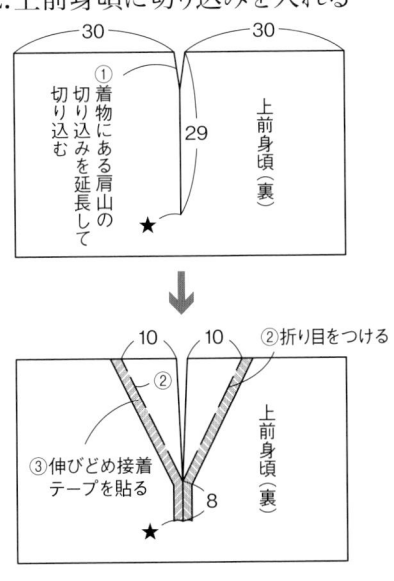

①着物にある肩山の切り込みを延長して切り込む

30 / 30 / 29 / 上前身頃（裏）

②折り目をつける
10 / 10
③伸びどめ接着テープを貼る
8
上前身頃（裏）

## 3. そでを作る

（あ）
①中表に合わせて、それぞれ縫い合わせ、縫い代を割る
まち（裏） / そで（裏） / 1 / 1 / 1 / まち（裏）

②そで口をバイアステープではさんで縫う
そで（表）

③そでを中表に合わせて縫う
⑤◎寸法を測る（そでぐり寸法）
そで（表） / まち（表） / そで（裏） / 1 / 1 / まち（裏）
④そでの縫い代をよけてまちを中表に合わせて縫う

（い）
①（あ）の①、③〜⑤と同様に縫う
※バイアステープはつけない

②そで口を三つ折りにして縫う
そで（裏） / 8 / 1 / 8

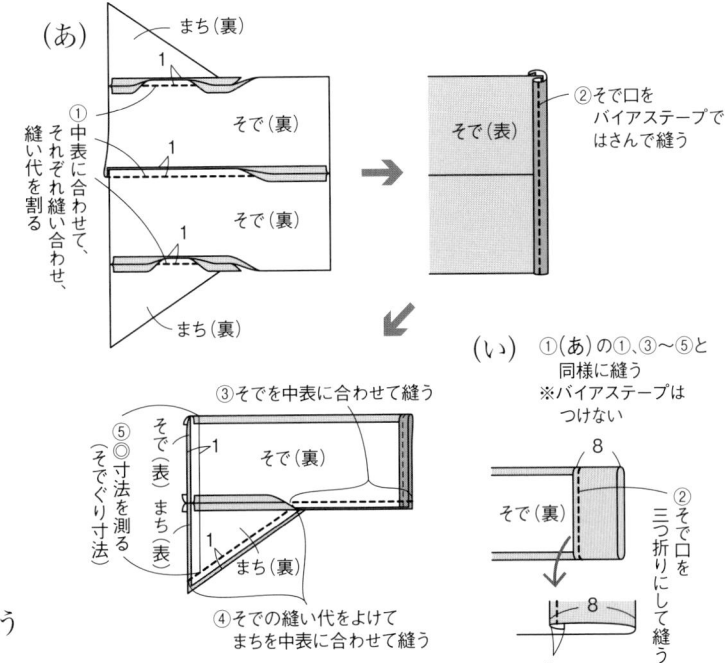

## 4. 上・下前身頃を縫い、肩と脇を縫う

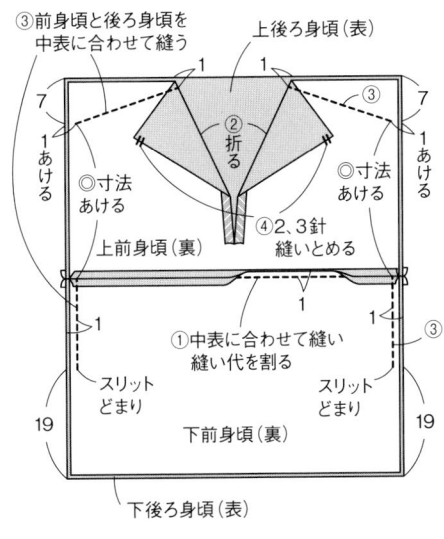

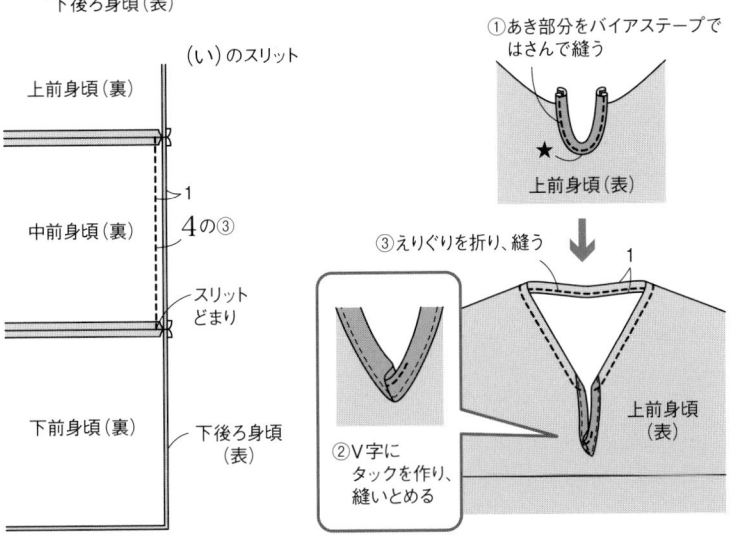

③前身頃と後ろ身頃を中表に合わせて縫う
上後ろ身頃（表）
7 / 1 / 7 / 1
あける / ◎寸法あける / ②折る / ◎寸法あける / あける
④2、3針縫いとめる
上前身頃（裏）
①中表に合わせて縫い縫い代を割る
1 / 1 / 1 / ③
スリットどまり / スリットどまり
19 / 19
下前身頃（裏）
下後ろ身頃（表）

（い）のスリット
上前身頃（裏）
1
中前身頃（裏）
4の③
スリットどまり
下前身頃（裏） / 下後ろ身頃（表）

## 5. すそを縫い、スリットを作る

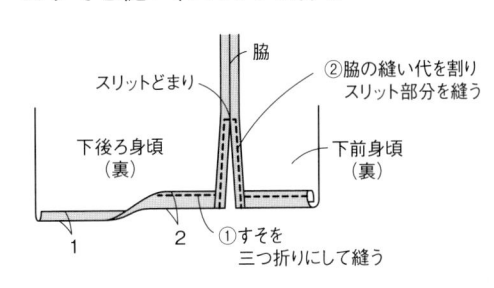

脇
②脇の縫い代を割りスリット部分を縫う
スリットどまり
下後ろ身頃（裏） / 下前身頃（裏）
1 / 2 / 1
①すそを三つ折りにして縫う

## 6. Vあきを作り、えりぐりを縫う

①あき部分をバイアステープではさんで縫う
★
上前身頃（表）

③えりぐりを折り、縫う
1
②V字にタックを作り、縫いとめる
上前身頃（表）

## 7. そでをつける

②身頃とそでを中表に合わせて縫う
①肩の縫い代を後ろ側に倒す
そで（裏）
1
まち（裏）
下前身頃（裏）

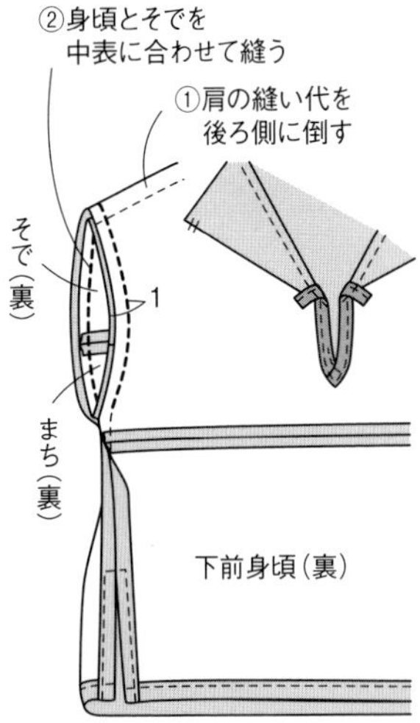

### (う)作り方 ※布端の処理はP33参照

1. 上前身頃に切り込みを入れる (P39の2参照)
2. そでを作る (P39の3(あ)参照)
3. 肩と脇を縫う (P39の4②③④参照)
4. Vあきを作り、えりぐりを縫う (P39の6参照)
5. 下身頃を作り、ウエスト寸法を測る
6. ダーツを縫う
7. 身頃の上下を縫い合わせる
8. そでをつける (P39の7参照)

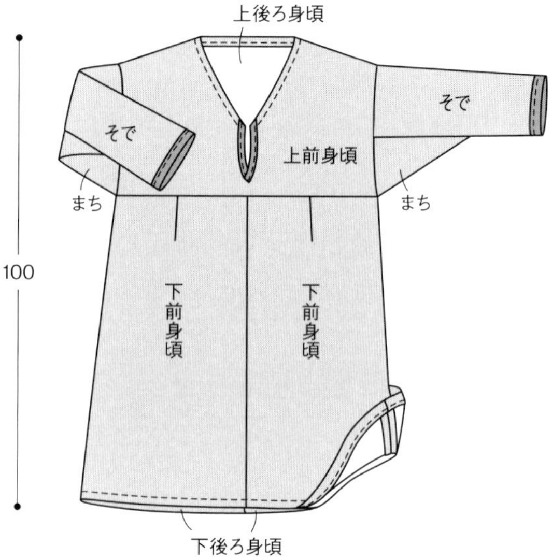

### ●製図
単位=cm　Z=着物幅
C、Dは着物の使用部分 (P33参照)

※上前身頃、上後ろ身頃、そで、まちはP38の(あ)と同様に裁断する

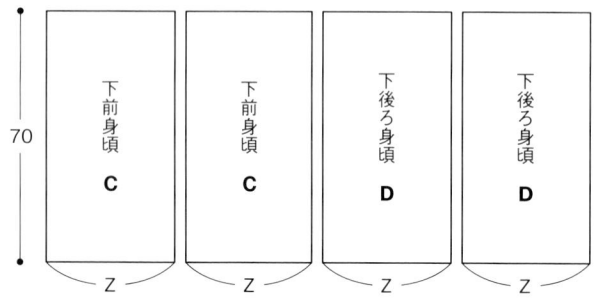

### ●でき上がり図

### 5.下身頃を作り、ウエスト寸法を測る

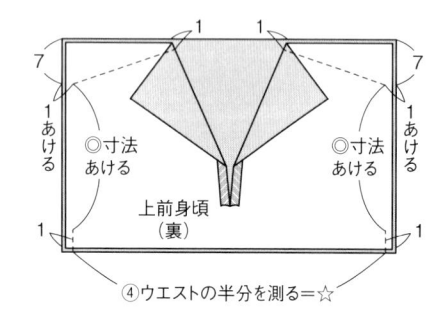

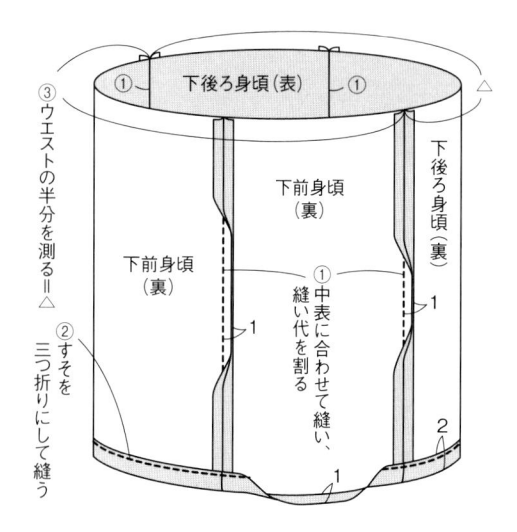

### 6.ダーツを縫う
①ダーツ分を計算し、印をつける
△-☆=□
②ダーツを縫う
③ダーツを中心側に倒す

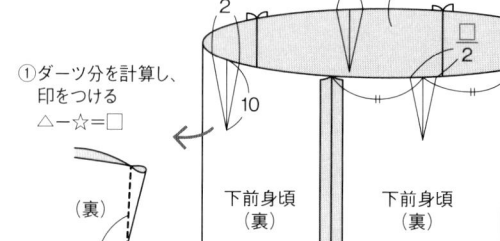

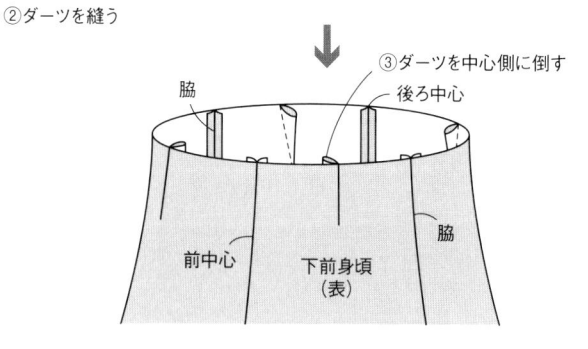

### 7.身頃の上下を縫い合わせる

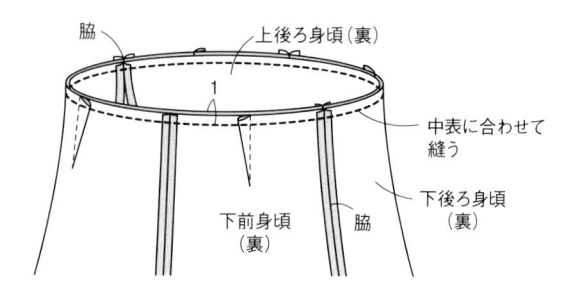

# シノワローブ

→ Photo P14, 15

チュニック・ロング（あ）
チュニック・ショート（い）
ワンピース（う）

**材料**
(あ) 着物……1枚
　　直径1.5cmのボタン……3個
　　直径1.3cmのスナップボタン……3組
(い) 着物……1枚
　　直径0.9cmのボタン……5個
　　ひもループ……5個
(う) 着物……1枚
　　チャイニーズノット……3組

**作り方**　※布端の処理はP33参照
※作り方はP42、P43
1　肩を縫う
2　後ろ中央と身頃の後ろ側を縫い合わせる
3　前中央を作り、つける
4　えりぐりを縫う
5　そでを作る
6　脇を縫い、そでをつける
7　スカートを作り、身頃と縫い合わせる
8　ボタンをつける（でき上がり図参照）

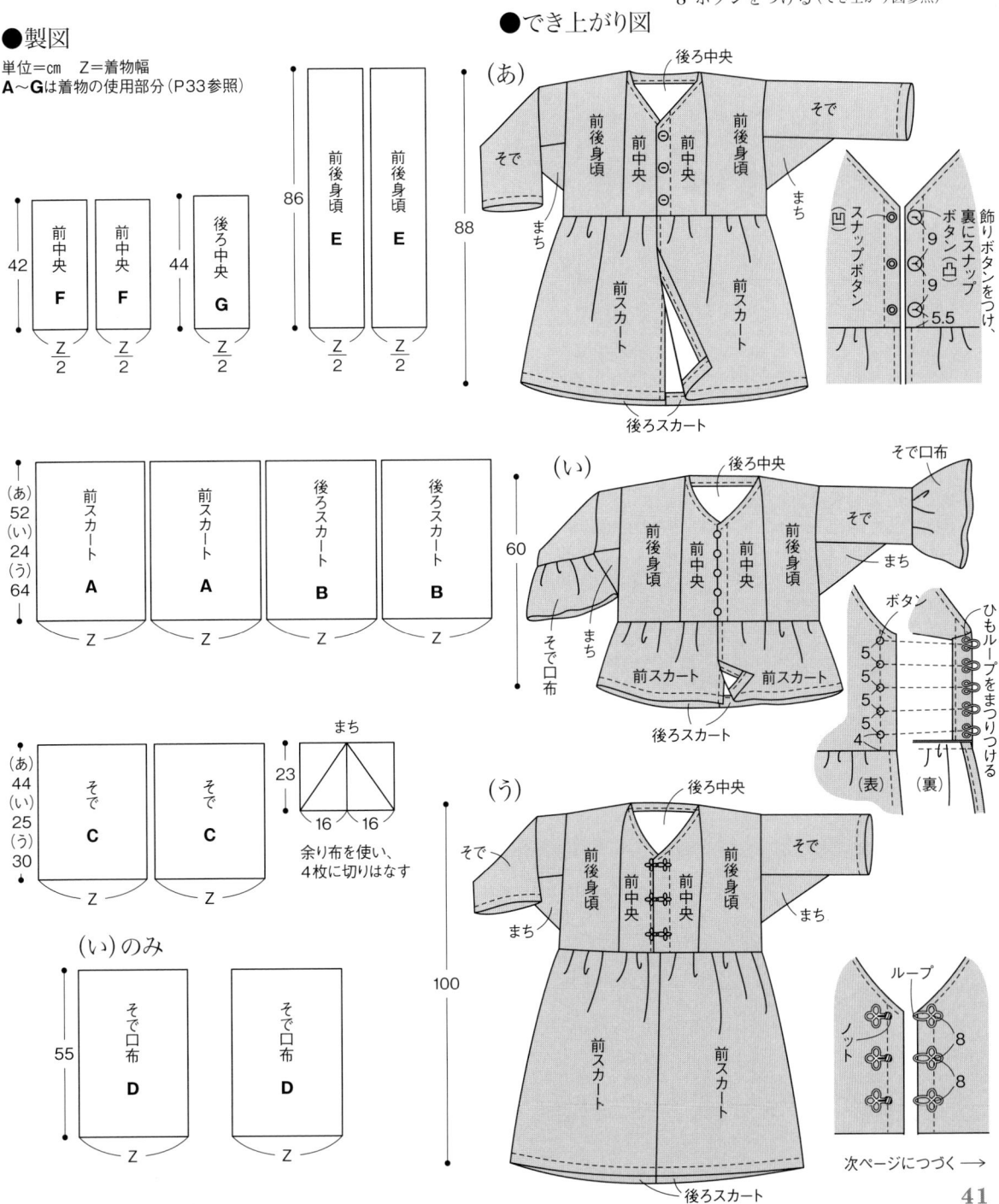

●製図
単位＝cm　Z＝着物幅
A～Gは着物の使用部分（P33参照）

●でき上がり図

次ページにつづく →

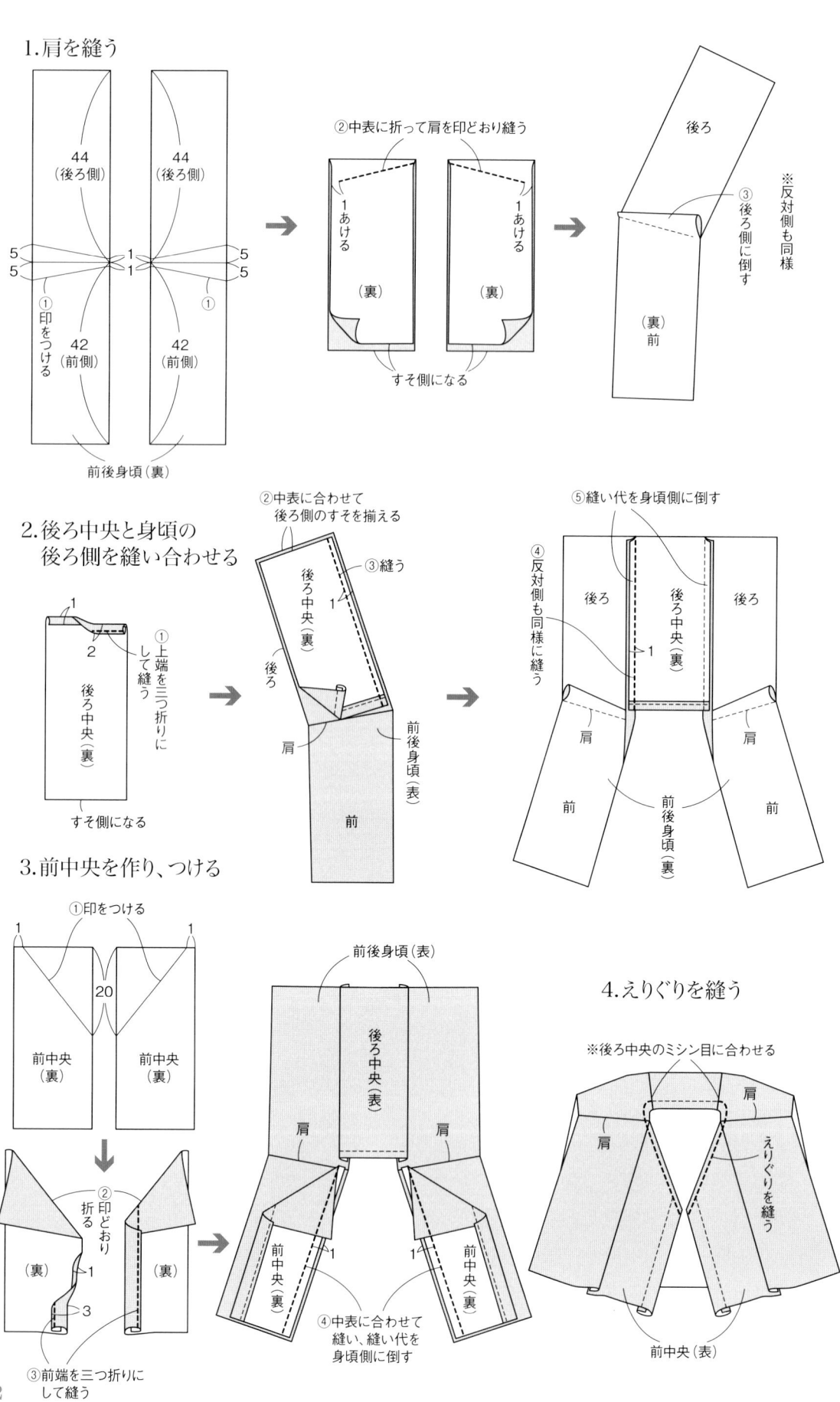

## 1. 肩を縫う

- 44（後ろ側）
- 42（前側）
- 5
- 1
- ① 印をつける
- 前後身頃（裏）

② 中表に折って肩を印どおり縫う
- 1あける
- （裏）
- すそ側になる

③ 後ろ側に倒す
- 後ろ
- （裏）前
- ※反対側も同様

## 2. 後ろ中央と身頃の後ろ側を縫い合わせる

- 1
- 2
- 後ろ中央（裏）
- ① 上端を三つ折りにして縫う
- すそ側になる

② 中表に合わせて後ろ側のすそを揃える
- ③ 縫う
- 後ろ中央（裏）
- 後ろ
- 肩
- 前後身頃（表）
- 前

⑤ 縫い代を身頃側に倒す
- ④ 反対側も同様に縫う
- 後ろ中央（裏）
- 後ろ
- 肩
- 前
- 前後身頃（裏）
- 1

## 3. 前中央を作り、つける

- ① 印をつける
- 1
- 20
- 前中央（裏）

- ② 印どおり折る
- （裏）
- 1
- 3
- ③ 前端を三つ折りにして縫う

- 前後身頃（表）
- 後ろ中央（表）
- 肩
- 前中央（裏）
- 1
- ④ 中表に合わせて縫い、縫い代を身頃側に倒す

## 4. えりぐりを縫う

- 前後身頃（表）
- ※後ろ中央のミシン目に合わせる
- 肩
- えりぐりを縫う
- 前中央（表）

42

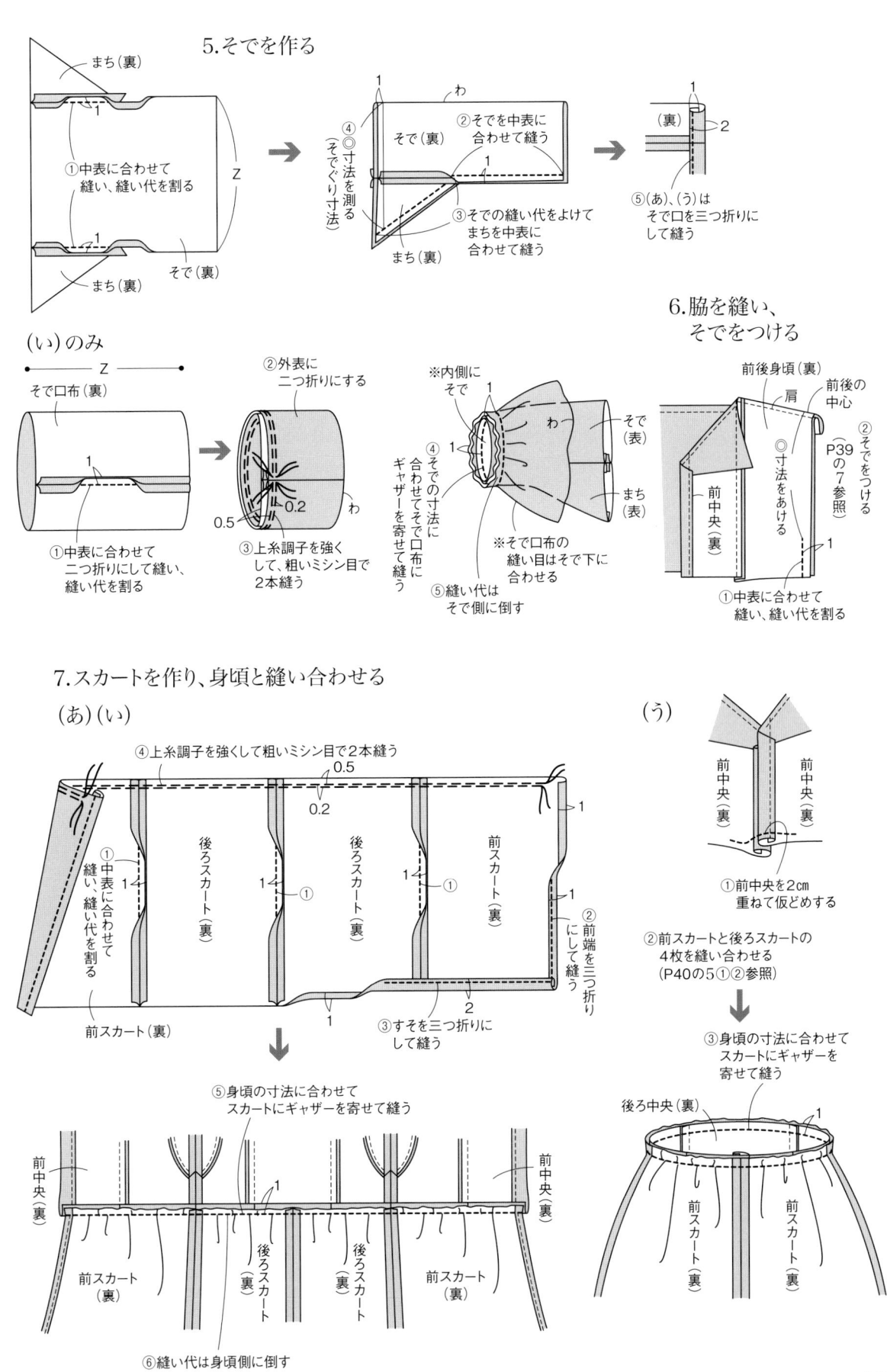

## 5. そでを作る

- ① 中表に合わせて縫い、縫い代を割る
- まち（裏）
- そで（裏）
- Z（◎寸法を測る（そでぐり寸法））
- ② そでを中表に合わせて縫う
- ③ そでの縫い代をよけてまちを中表に合わせて縫う
- わ
- ⑤ (あ)、(う)はそで口を三つ折りにして縫う

### (い)のみ

- そで口布（裏）
- ① 中表に合わせて二つ折りにして縫い、縫い代を割る
- ② 外表に二つ折りにする
- ③ 上糸調子を強くして、粗いミシン目で2本縫う
- ④ そでの寸法に合わせてそで口布にギャザーを寄せて縫う
- ※内側にそで
- ※そで口布の縫い目はそで下に合わせる
- ⑤ 縫い代はそで側に倒す

## 6. 脇を縫い、そでをつける

- 前後身頃（裏）
- 肩
- 前後の中心
- 前中央（裏）
- ◎寸法をあける
- ② そでをつける（P39の7参照）
- ① 中表に合わせて縫い、縫い代を割る

## 7. スカートを作り、身頃と縫い合わせる

### (あ)(い)

- ① 中表に合わせて縫い、縫い代を割る
- ④ 上糸調子を強くして粗いミシン目で2本縫う　0.5　0.2
- 後ろスカート（裏）
- 前スカート（裏）
- ② 前端を三つ折りにして縫う
- ③ すそを三つ折りにして縫う
- ⑤ 身頃の寸法に合わせてスカートにギャザーを寄せて縫う
- 前中央（裏）
- ⑥ 縫い代は身頃側に倒す

### (う)

- 前中央（裏）
- ① 前中央を2cm重ねて仮どめする
- ② 前スカートと後ろスカートの4枚を縫い合わせる（P40の5①②参照）
- ③ 身頃の寸法に合わせてスカートにギャザーを寄せて縫う
- 後ろ中央（裏）
- 前スカート（裏）

## しぼりリボンチュニック

→ Photo P10, 11

### 材料
(あ)
- 着物……1枚
- 1.2cm幅の伸びどめ接着テープ……28cm×2本

(い)
- 着物……1枚
- 1.2cm幅の伸びどめ接着テープ……28cm×2本
- 直径1.2cmのボタン……33個

### 作り方　※布端の処理はP33参照
1. 前中心のVあきを作る
2. 前中心を縫い、ダーツを縫う
3. 後ろ中心を縫う
4. 脇を縫う
5. そでぐりを縫う
6. 肩を縫う
7. 肩ひもを作り、身頃に通す
8. すそを縫う
9. 【(い)のみ】飾りボタンをつける（でき上がり図参照）

ショート(あ)　　ロング(い)

● 製図　単位＝cm　Z＝着物幅
A〜Dは着物の使用部分（P33参照）

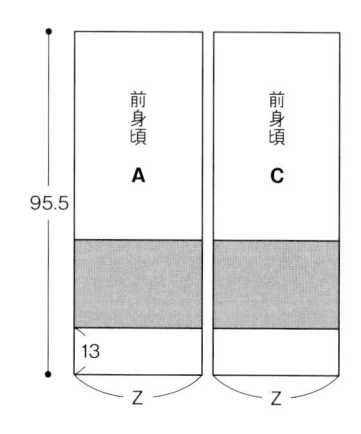

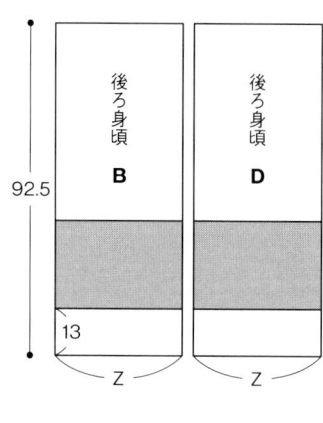

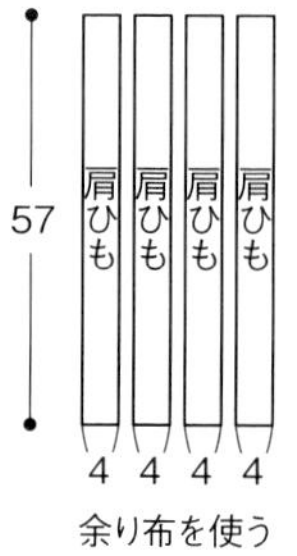

● でき上がり図

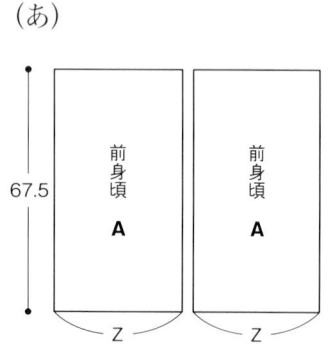

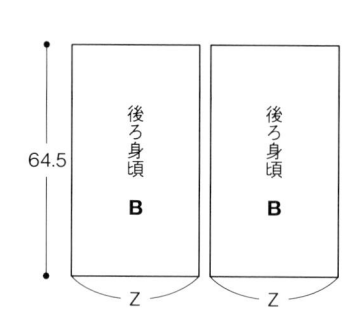

(あ)
- 前身頃 A 67.5 / Z
- 後ろ身頃 B 64.5 / Z
- でき上がり：60

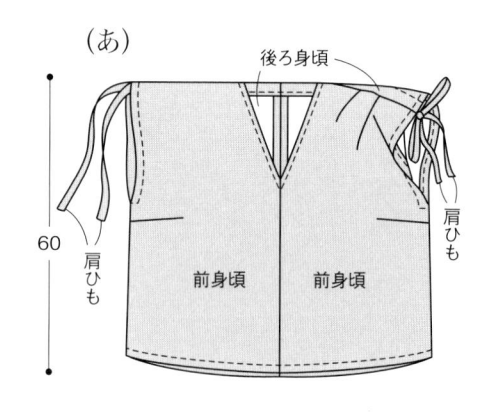

(い)　■=着物の柄部分
- 前身頃 A / C 95.5　13 / Z
- 後ろ身頃 B / D 92.5　13 / Z
- でき上がり：88

肩ひも 57 / 4　4　4　4　余り布を使う

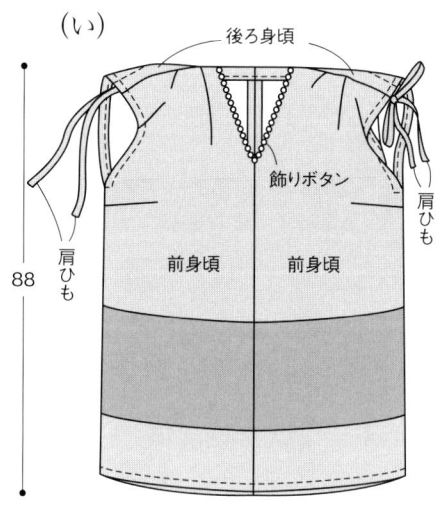

### 1. 前中心のVあきを作る

- 10　22　10
- ①折り目をつける
- ②伸びどめ接着テープを貼る
- ③折り山で折って縫う
- 折り山
- 前身頃（裏）／前身頃（表）

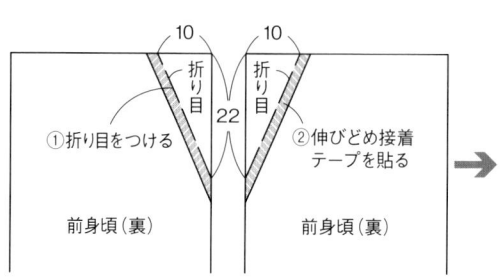

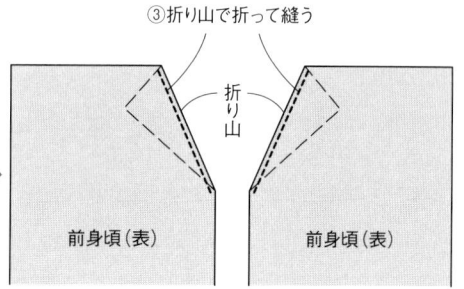

## 3. 後ろ中心を縫う

①中表に合わせて縫う
後ろ身頃（裏）
②縫い代を割る
後ろ身頃（表）

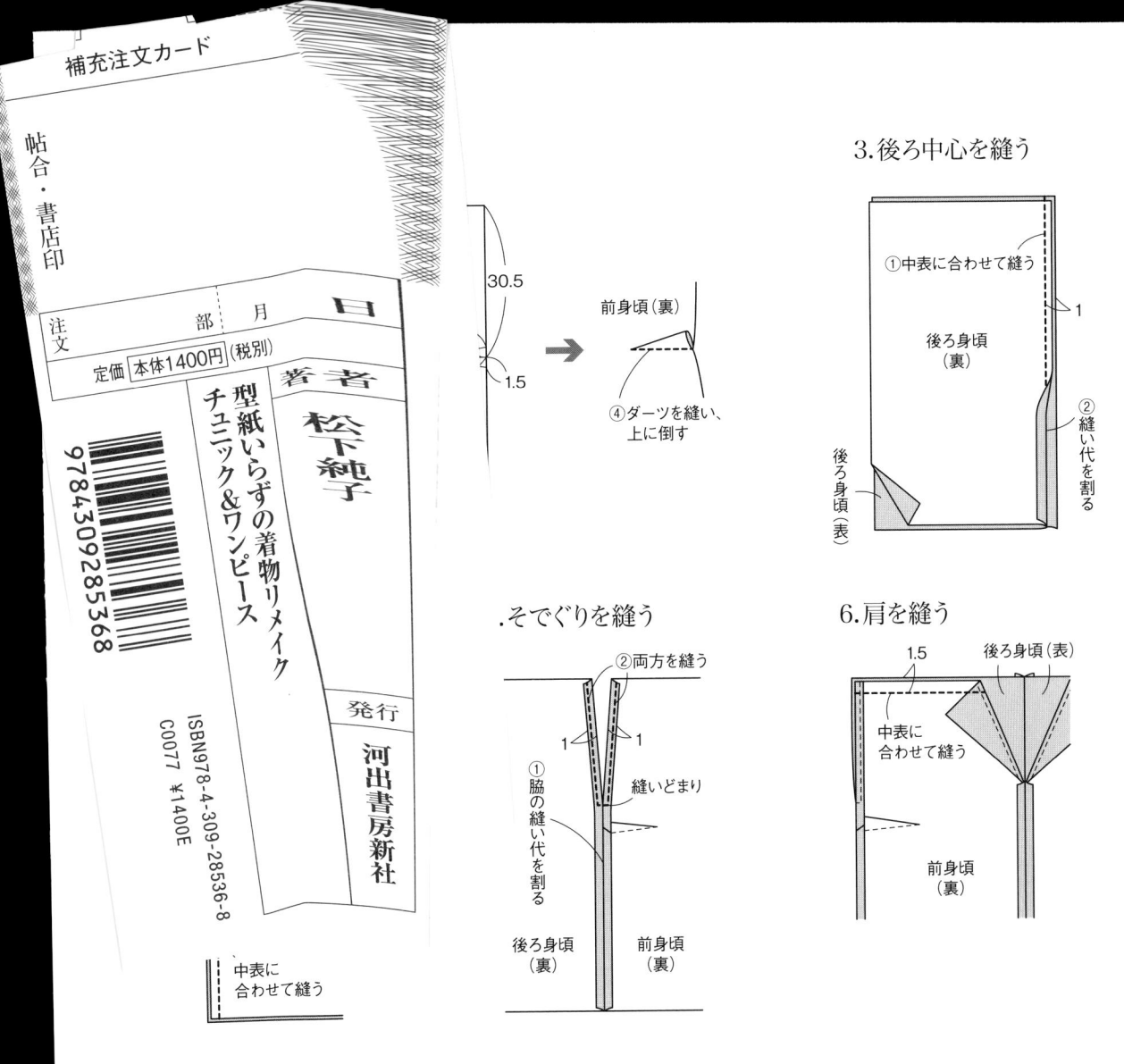

30.5
1.5
前身頃（裏）
④ダーツを縫い、上に倒す

中表に合わせて縫う

## . そでぐりを縫う

②両方を縫う
1
①脇の縫い代を割る
縫いどまり
後ろ身頃（裏）
前身頃（裏）

## 6. 肩を縫う

1.5
後ろ身頃（表）
中表に合わせて縫う
②
前身頃（裏）

## 7. 肩ひもを作り、身頃に通す

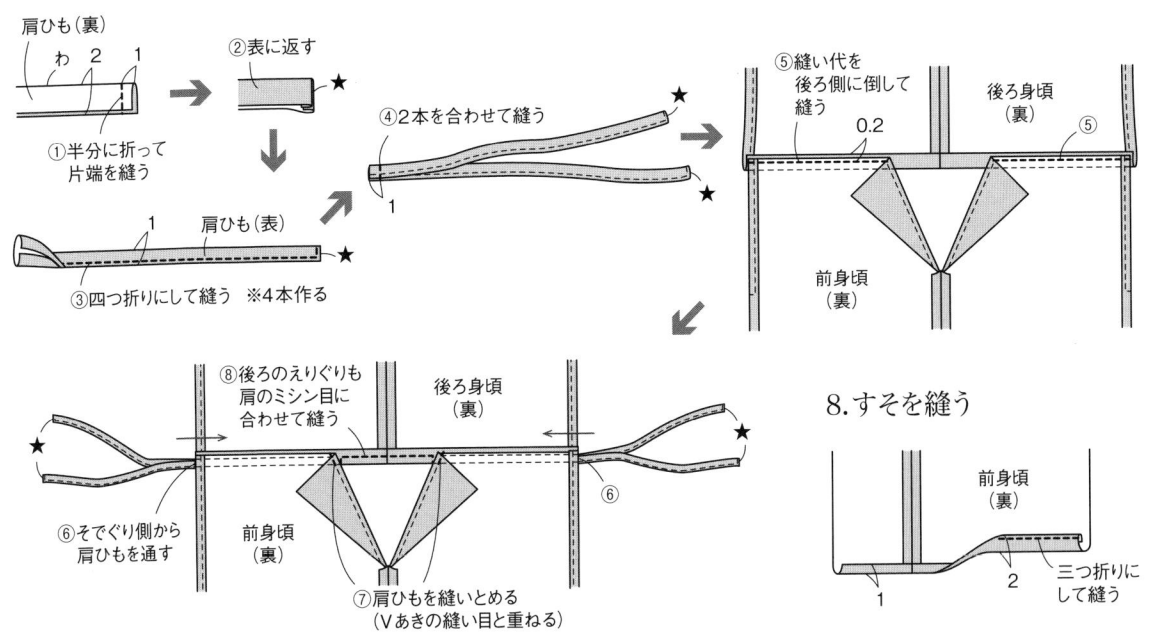

肩ひも（裏）
わ 2 1
①半分に折って片端を縫う
②表に返す
★
1 肩ひも（表）
★
③四つ折りにして縫う ※4本作る

④2本を合わせて縫う
★
1
★

⑤縫い代を後ろ側に倒して縫う
0.2
後ろ身頃（裏）
⑤
前身頃（裏）

⑧後ろのえりぐりも肩のミシン目に合わせて縫う
後ろ身頃（裏）
★
★
⑥そでぐり側から肩ひもを通す
前身頃（裏）
⑥
⑦肩ひもを縫いとめる（Vあきの縫い目と重ねる）

## 8. すそを縫う

前身頃（裏）
1
2
三つ折りにして縫う

## Aラインチュニック

Photo P12, 13

ロング（あ） 　ショート（い）

**材料**
（あ）
着物……1枚
1cm幅のゴムテープ……90cm×1本
0.7cm幅のベルベットリボン……150cm×1本
（い）
着物……1枚
1cm幅のゴムテープ……90cm×1本
6cm幅のレーステープ……52cm×2本

**作り方**　※布端の処理はP33参照
1　前後中央の上端をそれぞれ縫う
2　肩ひもを作る　※（い）はレーステープを使う
3　前後中央と肩ひもを縫い合わせる
4　スカートを作る
5　前後中央とスカートを縫い合わせ、ゴムテープを通す
6　【（あ）のみ】ゴム通し口からリボンを通す
（でき上がり図参照）

●製図　単位＝cm　Z＝着物幅
　　　　A〜Iは着物の使用部分（P33参照）

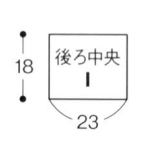

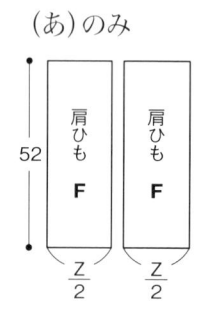

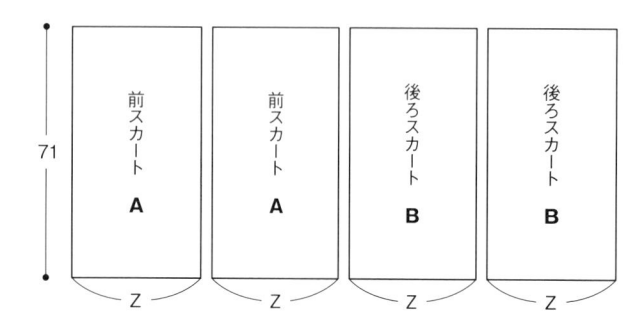

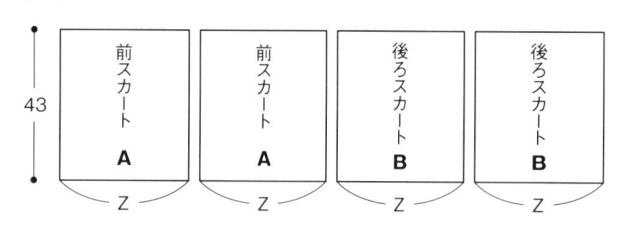

（あ）のみ

前中央 I　15 × 23
後ろ中央 I　18 × 23
肩ひも F　52 × Z/2（2本）

（あ）
前スカート A　71 × Z（2枚）
後ろスカート B　71 × Z（2枚）

（い）
前スカート A　43 × Z（2枚）
後ろスカート B　43 × Z（2枚）

●でき上がり図

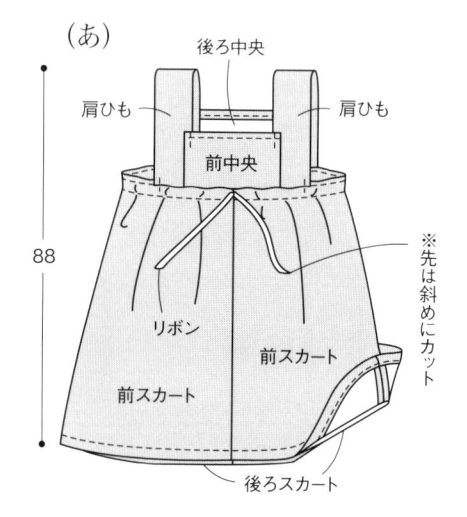

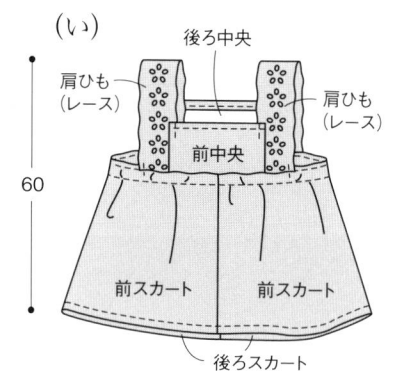

（あ）
後ろ中央／肩ひも／前中央／リボン／前スカート／後ろスカート
※先は斜めにカット
88

（い）
後ろ中央／肩ひも（レース）／前中央／前スカート／後ろスカート
60

**1. 前後中央の上端をそれぞれ縫う**

① 中心に印をつける
② 三つ折りにして縫う
前中央（裏）
※後ろ中央も同様に縫う

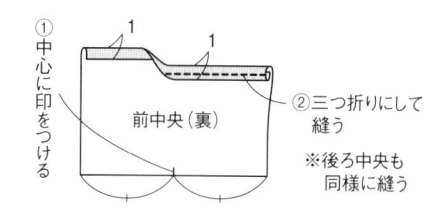

## 2.肩ひもを作る

① 中表に合わせて縫う

肩ひも(裏) わ 1

※2本作る

② 表に返して整える

肩ひも(表) わ

## 3.前後中央と肩ひもを縫い合わせる

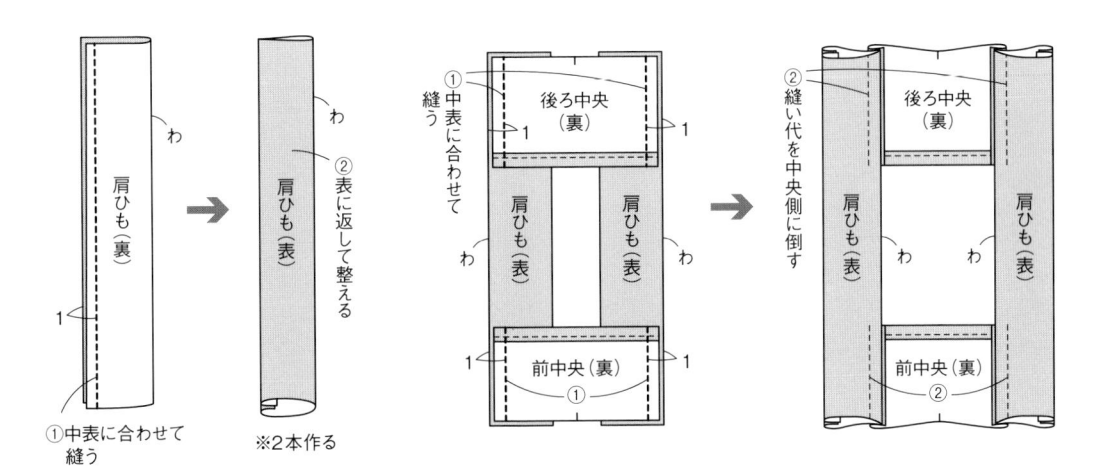

① 中表に合わせて縫う

後ろ中央(裏) 1 わ
肩ひも(表) 肩ひも(表) わ
前中央(裏) ① 1

② 縫い代を中央側に倒す

後ろ中央(裏)
肩ひも(表) わ 肩ひも(表) わ
前中央(裏) ②

## 4.スカートを作る

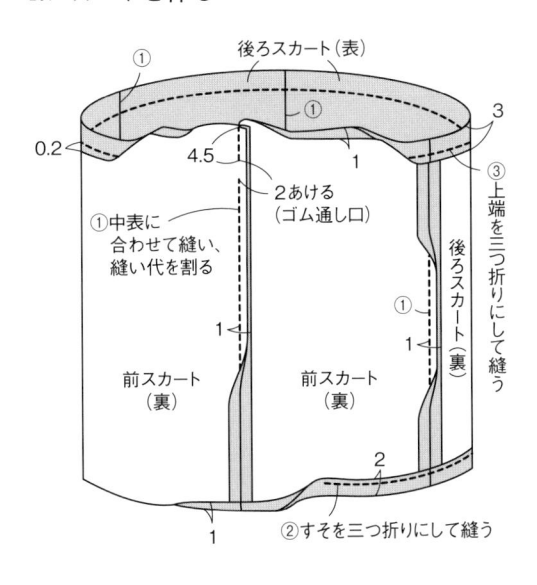

後ろスカート(表)
① 0.2 4.5 1 3
2あける(ゴム通し口)
① 中表に合わせて縫い、縫い代を割る
前スカート(裏) 前スカート(裏) 後ろスカート(裏)
③ 上端を三つ折りにして縫う
1 ①
② すそを三つ折りにして縫う
2 1

## 5.前後中央とスカートを縫い合わせ、ゴムテープを通す

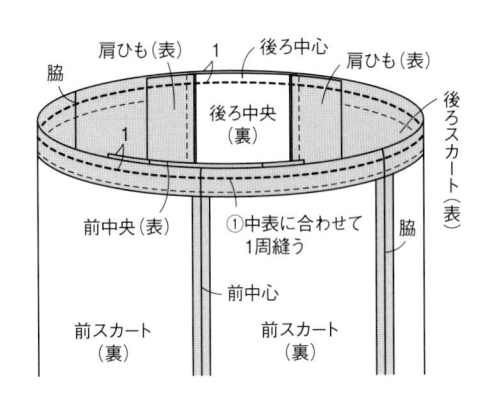

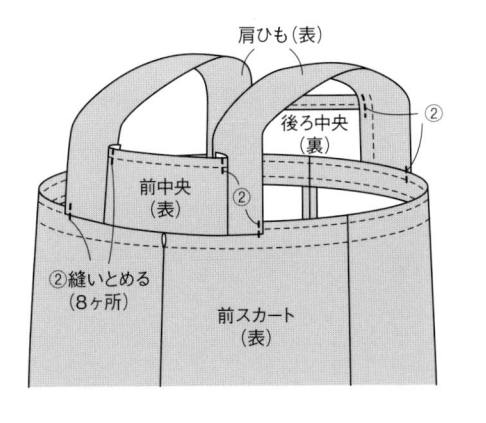

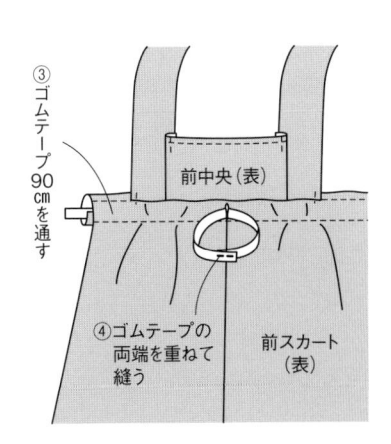

肩ひも(表) 1 後ろ中心 肩ひも(表)
脇 後ろ中央(裏) 後ろスカート(表)
前中央(表) 1 脇
① 中表に合わせて1周縫う
前中心
前スカート(裏) 前スカート(裏)

↓

肩ひも(表)
前中央(表) 後ろ中央(裏) ②
② 縫いとめる(8ヶ所)
前スカート(表)

→

③ ゴムテープ90cmを通す
前中央(表)
④ ゴムテープの両端を重ねて縫う
前スカート(表)

## ふわりジャンパースカート風チュニック

→ Photo P24, 25

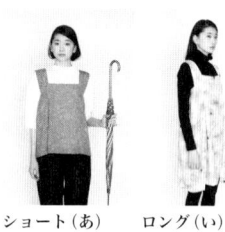

ショート（あ）　ロング（い）

**材料**
着物……1枚
0.4cm幅のゴムテープ……13cm×2本

**作り方**　※布端の処理はP33参照
1 前中央の上端を縫う
2 後ろ中央のタックを作る
3 肩ひもを作り、つける
4 前後中央と脇身頃を縫い合わせる
5 すそを縫う
6 前中央のタックを作る

●製図　単位＝cm　Z＝着物幅
A〜Fは着物の使用部分（P33参照）

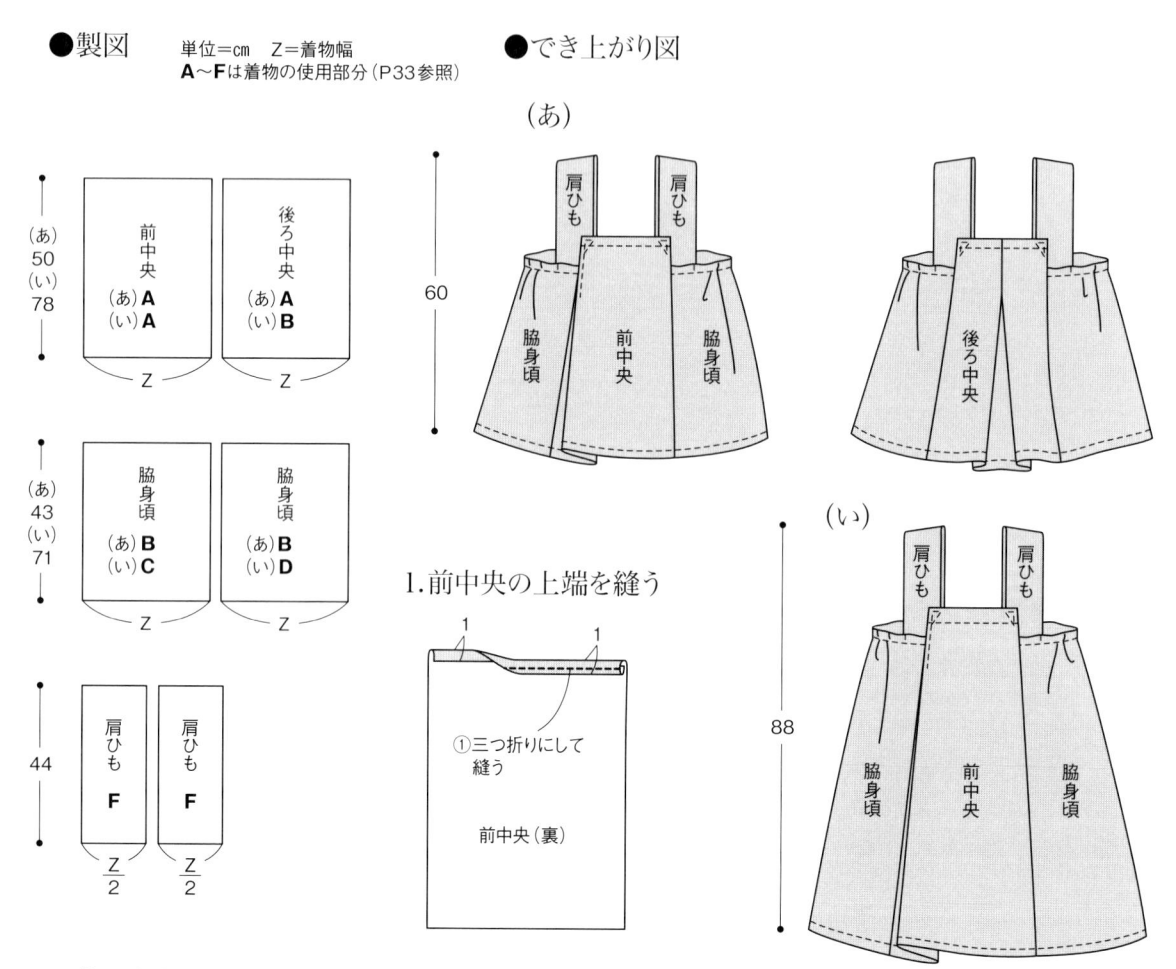

●でき上がり図

（あ）
50 / 78　前中央 （あ）A （い）A　　後ろ中央 （あ）A （い）B　Z

（あ）
43 / 71　脇身頃 （あ）B （い）C　　脇身頃 （あ）B （い）D　Z

44　肩ひも F　肩ひも F　Z/2

（あ）60

（い）88

### 1. 前中央の上端を縫う

①三つ折りにして縫う
前中央（裏）

### 2. 後ろ中央のタックを作る

身幅を大きくするときは★の寸法を増やす
身幅を小さくするときは★の寸法を減らす

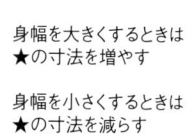

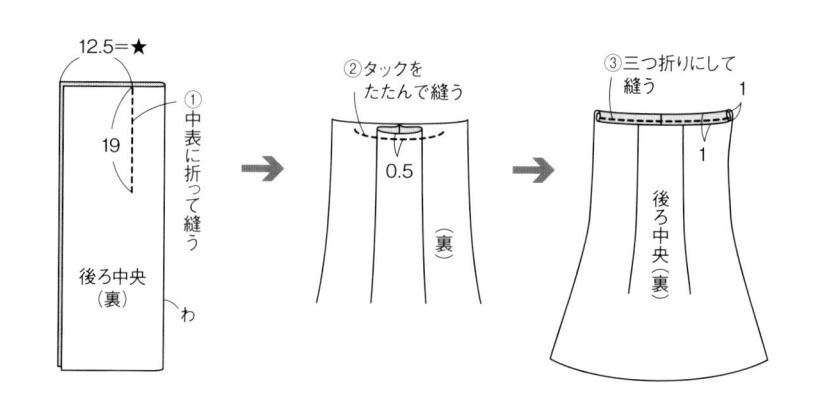

12.5＝★
19
①中表に折って縫う
後ろ中央（裏）
わ

②タックをたたんで縫う
0.5
（裏）

③三つ折りにして縫う
1
1
後ろ中央（裏）

## 3. 肩ひもを作り、つける

①中表に折って縫う
肩ひも（裏）
わ
②縫い代を割る
肩ひも（表）
わ
③表に返す

④縫いつける
わ側
肩ひも（表）
わ側
脇身頃（表）

肩ひも（表）
⑤縫い代を身頃側に倒す
⑥この間を縫う
脇身頃（裏）

## 4. 前後中央と脇身頃を縫い合わせる

肩ひも（表）
ゴムテープ
④この間にゴムテープを通す
脇身頃（裏）
前中央（裏）
①すそを揃えて中央に合わせる
②縫う
③縫い代を中央側に倒す
後ろ中央（裏）
※反対側も同様に縫う

⑤ゴムテープの両端を縫いとめる
脇身頃（裏）

ひも中央
肩ひも（表）
⑥ななめに縫う
前中央（裏）
脇身頃（裏）

## 5. すそを縫う

（裏）
三つ折りにして縫う

## 6. 前中央のタックを作る

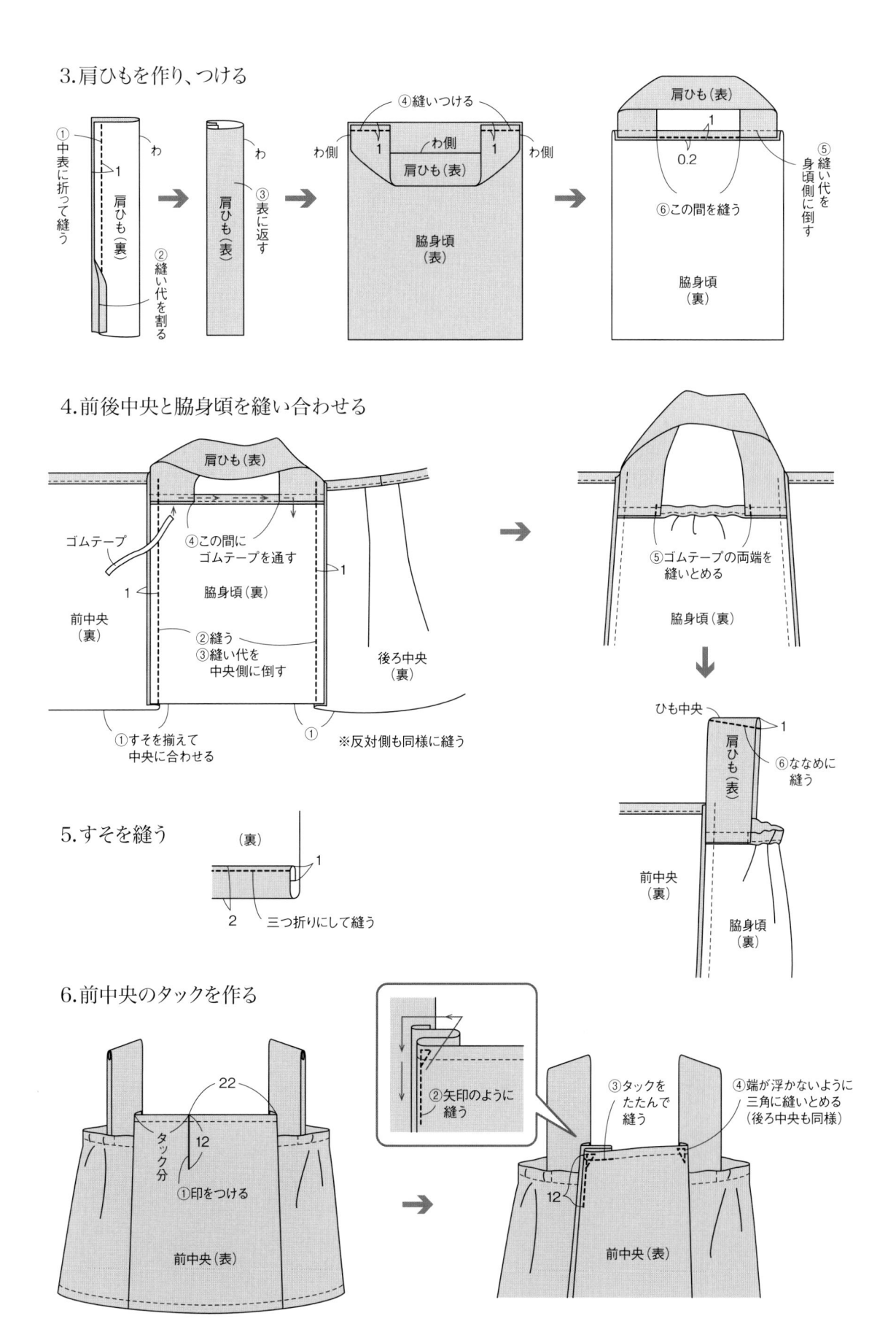

22
タック分
12
①印をつける
前中央（表）

②矢印のように縫う
③タックをたたんで縫う
④端が浮かないように三角に縫いとめる（後ろ中央も同様）
前中央（表）

## ひらりボレロ

Photo P18, 19

ショート(あ)　ロング(い)

**材料**
(あ)
着物……1枚
太さ0.4cmの丸ひも……45cm×2本
直径1cmの鈴……2個
(い)
着物……1枚
5.5cm幅のレーステープ……102cm×2枚

**作り方**　※布端の処理はP33参照
1 ダーツを縫う
2 肩を縫う
3 後ろ中央と後ろ身頃を縫い合わせる
4 すそ布を作り、つける
5 脇を縫う
6 すそを縫う
7 前端とそでぐりを縫う

●製図　単位＝cm　Z＝着物幅
E～Jは着物の使用部分(P33参照)

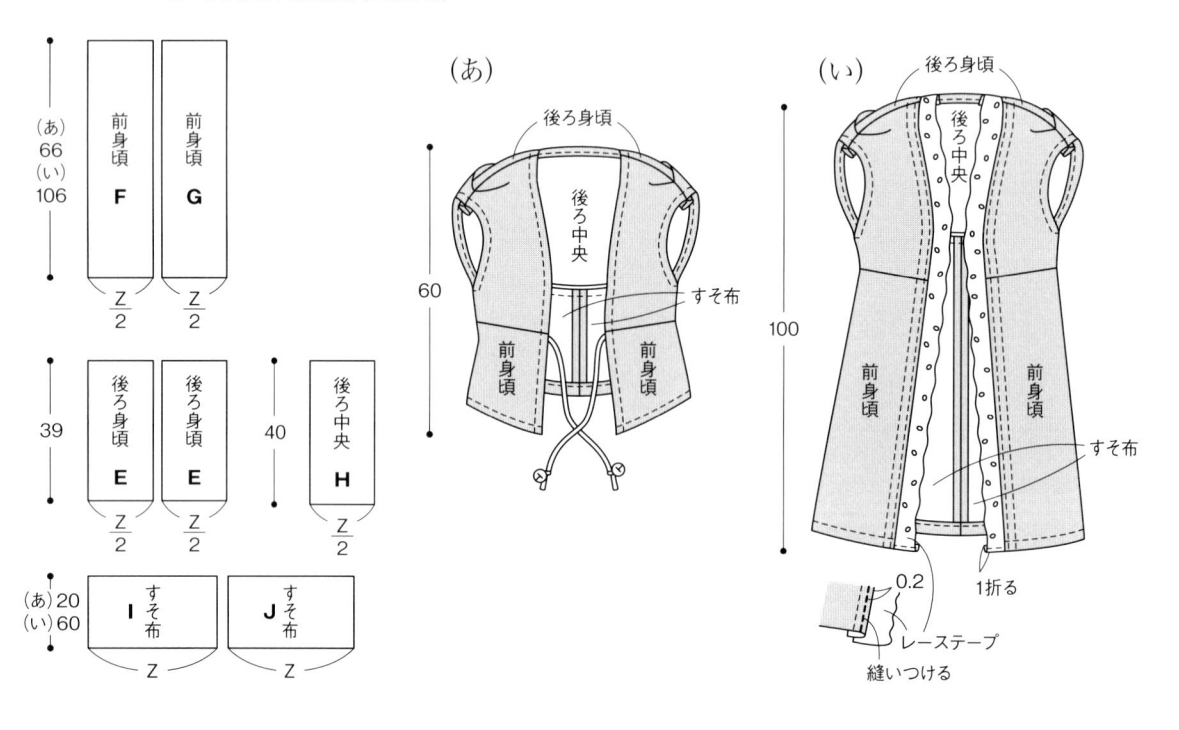

●でき上がり図

(あ)
(い)

1.ダーツを縫う

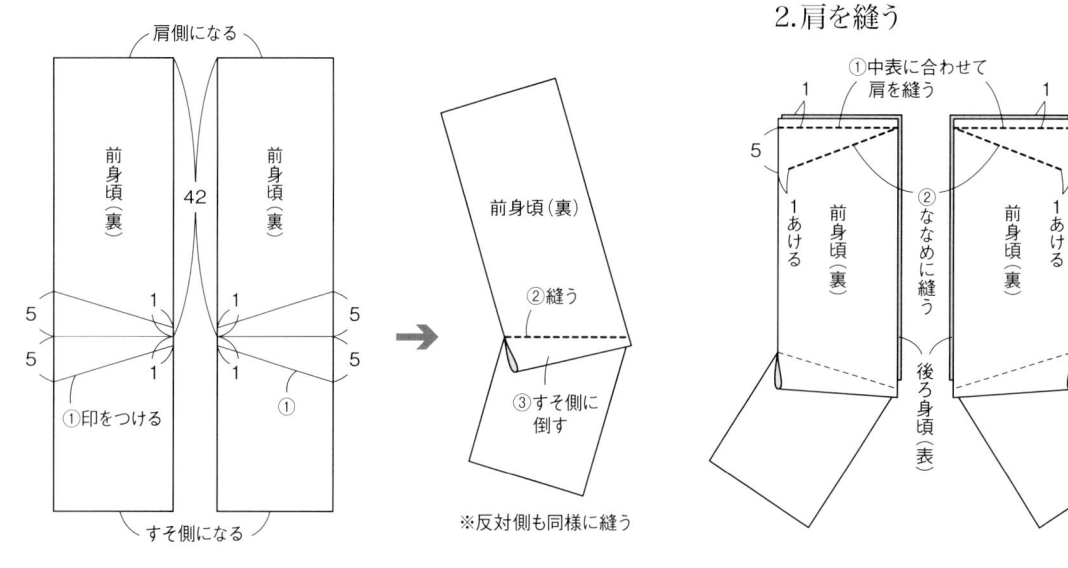

2.肩を縫う

①中表に合わせて肩を縫う
②ななめに縫う
①あける

①印をつける
②縫う
③すそ側に倒す
※反対側も同様に縫う

## 3. 後ろ中央と後ろ身頃を縫い合わせる

① 三つ折りにして縫う
後ろ中央（裏）

② 肩の縫い代を後ろ身頃側に倒す
前身頃（表）
左後ろ身頃（表）
後ろ中央（裏）
④ 縫って、縫い代を身頃側に倒す
⑤ 反対側も②、③、④と同様に右後ろ身頃と縫う
③ すそを揃えて中表に合わせる

## 4. すそ布を作り、つける

② 上糸調子を強くして粗いミシン目で2本縫う
0.5
0.2
すそ布（裏）　すそ布（裏）
① 中表に合わせて縫い、縫い代を割る

前身頃（裏）　前身頃（裏）
後ろ身頃（裏）　後ろ中央（裏）　後ろ身頃（裏）
③ 後ろ身頃とすそ布を中表に合わせ、後ろ身頃に寸法を合わせてすそ布にギャザーを寄せて縫う
すそ布（裏）　すそ布（裏）

## 5. 脇を縫う

後ろ身頃（表）　前身頃（裏）　後ろ中央（表）　前身頃（裏）　後ろ身頃（表）
24　　24
中表に合わせて縫う
すそ布（表）　すそ布（表）

## 6. すそを縫う

(裏)
1
2　三つ折りにして縫う

## 7. 前端とそでぐりを縫う

① 前端を折って縫う
※(あ)はひもをはさんで縫う
② 肩先にタックを作り、そでぐりを縫う（P35の5②〜④参照）
※(あ)のひもは前端側に倒して縫う
後ろ中央（裏）　前身頃（表）
ひも
先に鈴をつける
③ (い)は前端にレーステープをつける（でき上がり図参照）

## すかし

Photo P20, 21

チュニック(あ) 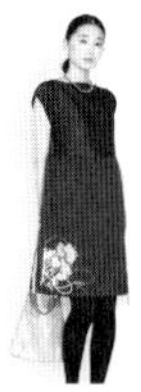　ワンピース(い)

### 材料

**(あ)**
着物……1枚
0.5cm幅のゴムテープ……44cm×2本
花柄のレース……着物幅の4倍×33cm

**(い)**
着物……1枚
0.5cm幅のゴムテープ……44cm×2本
無地チュールレース……着物幅の4倍×61cm

### 作り方　※布端の処理はP33参照

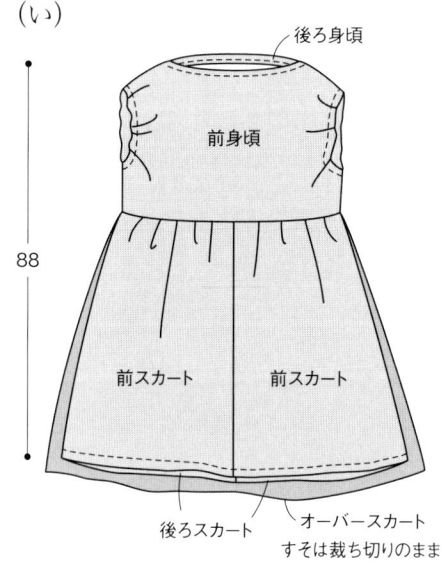

1. 肩と脇を縫う
2. えりぐりを縫う
3. そでぐりを縫う
4. スカートを作る
5. 身頃とスカートを縫い合わせる

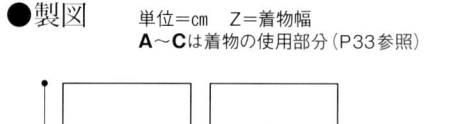

### ●製図
単位＝cm　Z＝着物幅
A～Cは着物の使用部分（P33参照）

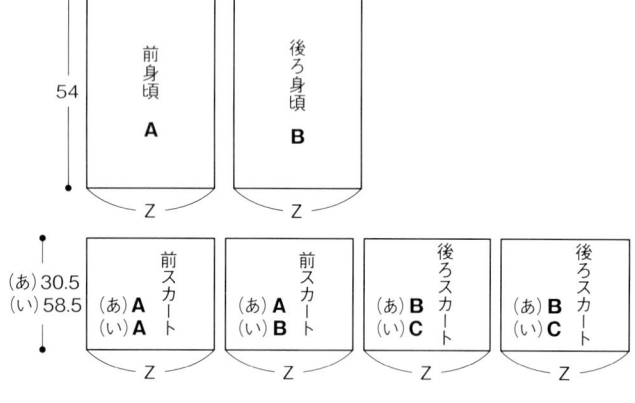

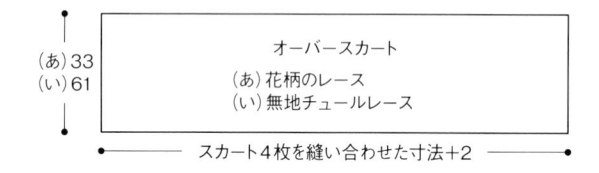

54　前身頃 A ／ 後ろ身頃 B
Z

(あ)30.5／(い)58.5
　前スカート (あ)A (い)A ／ 前スカート (あ)A (い)B ／ 後ろスカート (あ)B (い)C ／ 後ろスカート (あ)B (い)C
Z

(あ)33／(い)61
オーバースカート
(あ)花柄のレース
(い)無地チュールレース
スカート4枚を縫い合わせた寸法+2

### ●でき上がり図

**(あ)**
後ろ身頃
前身頃
60
前スカート　前スカート
後ろスカート　オーバースカート

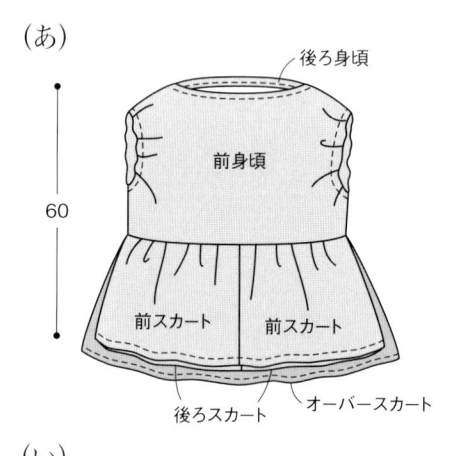

**(い)**
後ろ身頃
前身頃
88
前スカート　前スカート
後ろスカート　オーバースカート
すそは裁ち切りのまま

### 1.肩と脇を縫う

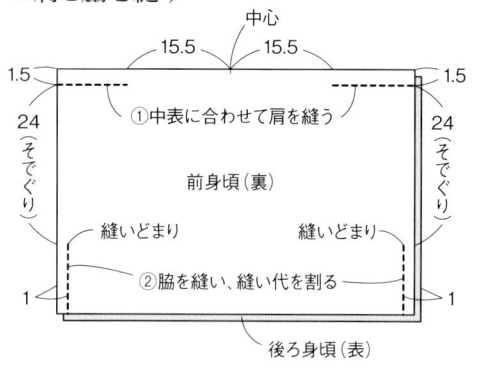

中心
15.5　15.5
1.5　　　　　1.5
24(そでぐり)　　　24(そでぐり)
①中表に合わせて肩を縫う
前身頃(裏)
縫いどまり　　縫いどまり
②脇を縫い、縫い代を割る
1　　　　　　1
後ろ身頃(表)

### 2.えりぐりを縫う

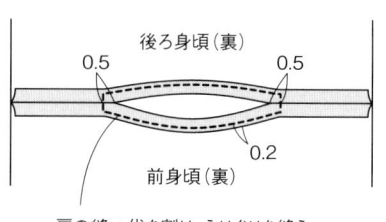

後ろ身頃(裏)
0.5　　0.5
0.2
前身頃(裏)
肩の縫い代を割り、えりぐりを縫う

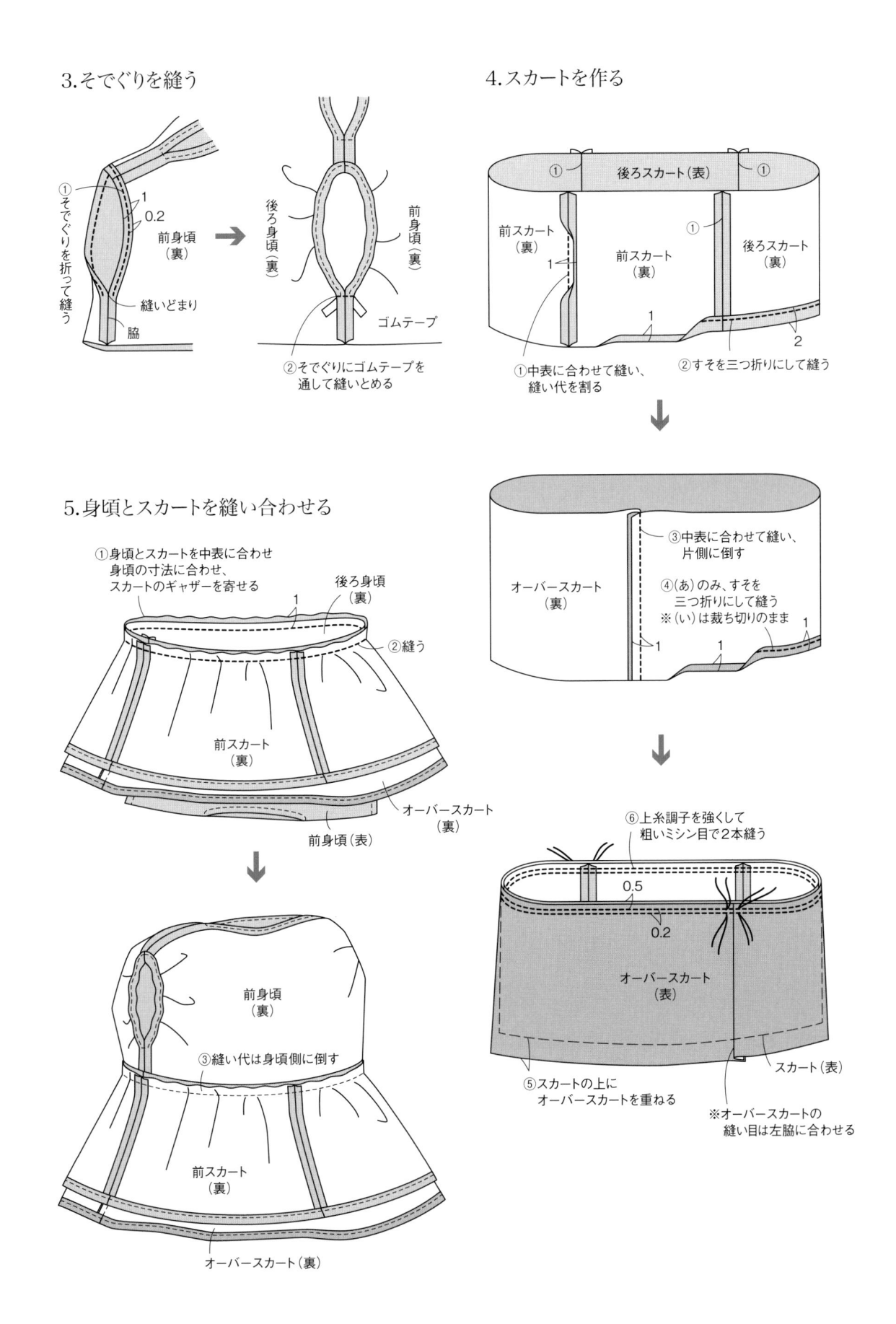

## 3. そでぐりを縫う

① そでぐりを折って縫う
1
0.2
前身頃(裏)
縫いどまり
脇

② そでぐりにゴムテープを通して縫いとめる
後ろ身頃(裏)
前身頃(裏)
ゴムテープ

## 4. スカートを作る

①
後ろスカート(表)
①
前スカート(裏)
1
前スカート(裏)
後ろスカート(裏)

① 中表に合わせて縫い、縫い代を割る

② すそを三つ折りにして縫う
1
2

③ 中表に合わせて縫い、片側に倒す

④ (あ)のみ、すそを三つ折りにして縫う
※ (い)は裁ち切りのまま

オーバースカート(裏)
1
1

⑥ 上糸調子を強くして粗いミシン目で2本縫う
0.5
0.2
オーバースカート(表)

⑤ スカートの上にオーバースカートを重ねる

スカート(表)

※ オーバースカートの縫い目は左脇に合わせる

## 5. 身頃とスカートを縫い合わせる

① 身頃とスカートを中表に合わせ身頃の寸法に合わせ、スカートのギャザーを寄せる

後ろ身頃(裏)
1
② 縫う
前スカート(裏)
オーバースカート(裏)
前身頃(表)
前身頃(裏)

③ 縫い代は身頃側に倒す

前スカート(裏)
オーバースカート(裏)

53

## かわりえり

→ Photo P22, 23

ベスト（あ）　ガウン（い）

### 材料
（あ）
着物……1枚
0.3cm幅の丸ゴム……98cm
0.5cm幅のゴムテープ……48cm×2本
コードストッパー（止め金具）……2個
直径1.3cmのスナップボタン……5組
1.2cm幅の伸びどめ接着テープ……25cm×2本

（い）
着物……1枚
2cm幅のベルベットリボン……73cm×2本
1.2cm幅の伸びどめ接着テープ……25cm×2本

### 作り方
※布端の処理はP33参照
1　前身頃の前端を縫い、タックを作る
2　後ろ身頃の中心を縫い、タックを作る
3　肩と脇を縫う
4　すそを縫う
5　えりを作り、つける
6　（あ）そでぐりを縫い、ゴムテープを入れる（P53の3参照）
　　（い）そでを作り、つける
7　【（あ）のみ】ポケットを作り、つける
8　【（あ）のみ】スナップボタンをつける
　（でき上がり図参照）

### ●製図
単位＝cm　Z＝着物幅
A～Jは着物の使用部分（P33参照）

（あ）92／（い）104

前身頃 A　前身頃 B　後ろ身頃 C　後ろ身頃 D

えりつけ寸法＋2
えり A
※えりは作り方5で寸法を確認してから布を裁つ

（あ）のみ
22　ポケット F　ポケット F　Z/2　Z/2

（い）のみ
56　そで I　そで J　Z　Z

（い）のみ
28　カフス F　カフス F　Z/2　Z/2

### ●でき上がり図

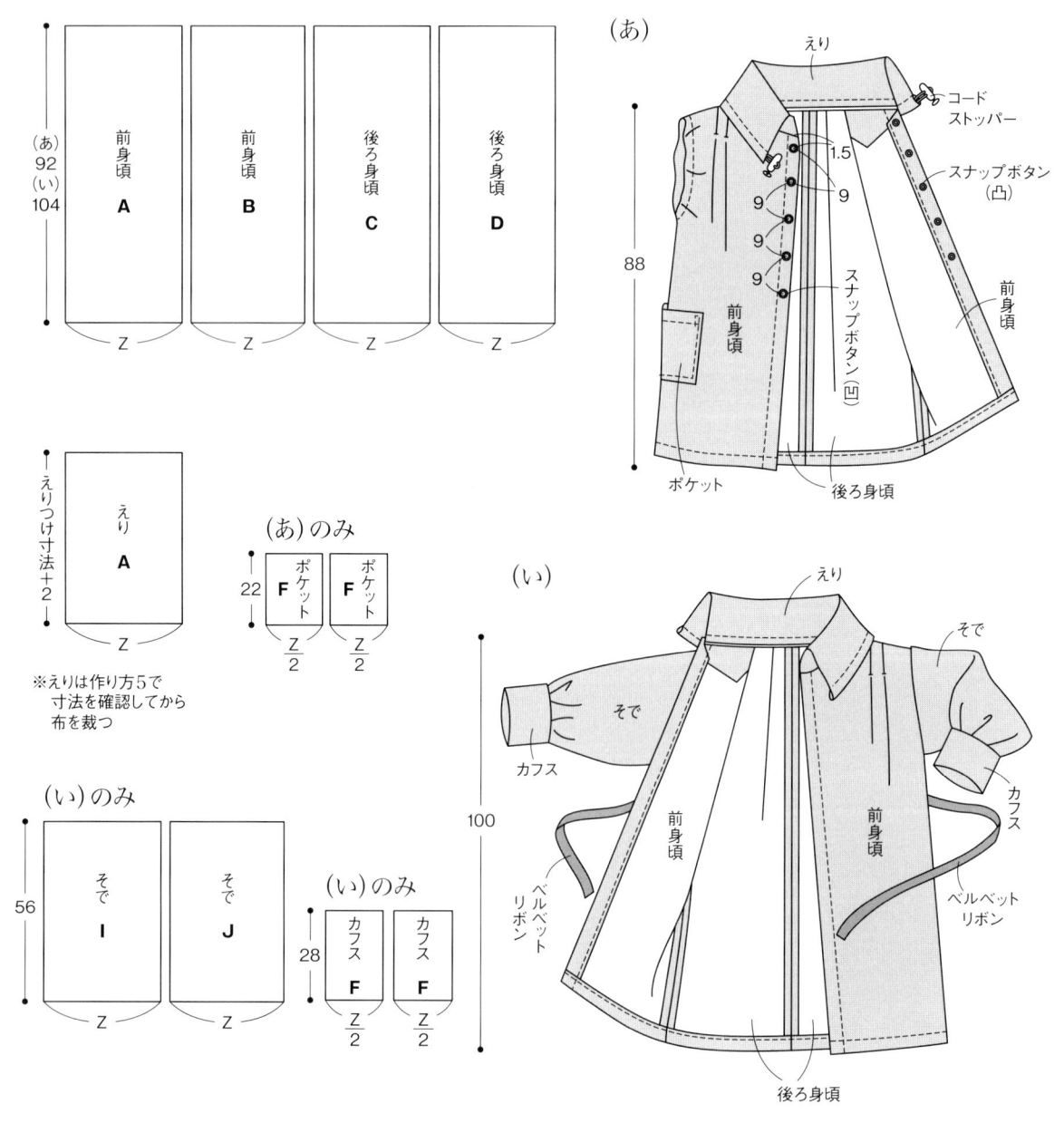

（あ）
えり　コードストッパー
1.5
9
9
9
88
スナップボタン（凸）
前身頃
スナップボタン（凹）
後ろ身頃
ポケット

（い）
えり　そで
カフス
100
前身頃　前身頃
ベルベットリボン　ベルベットリボン
カフス
後ろ身頃

## 1. 前身頃の前端を縫い、タックを作る

- ①折り目をつける
- 14
- 14
- 16
- ②伸びどめ接着テープを貼る
- 前身頃(裏)
- 前身頃(裏)

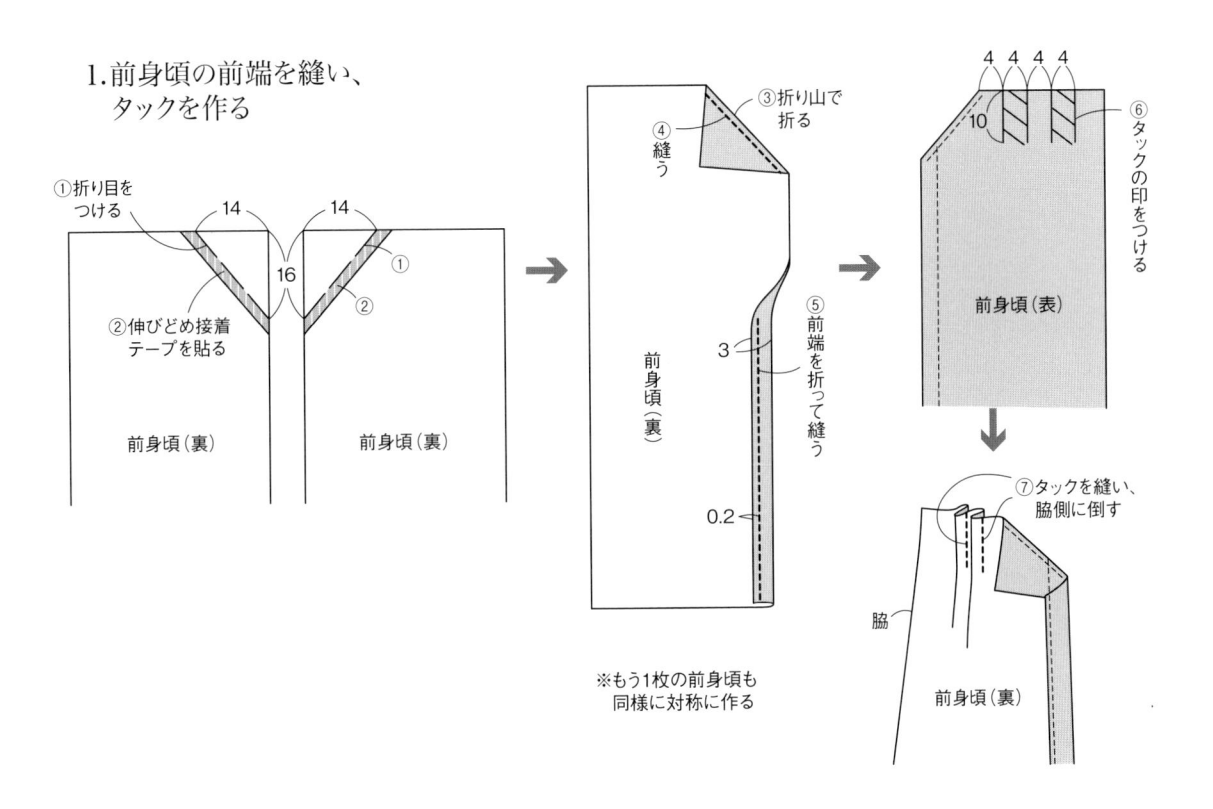

- ③折り山で折る
- ④縫う
- ⑤前端を折って縫う
- 3
- 0.2
- 前身頃(裏)

※もう1枚の前身頃も同様に対称に作る

- 4 4 4 4
- 10
- ⑥タックの印をつける
- 前身頃(表)

- ⑦タックを縫い、脇側に倒す
- 脇
- 前身頃(裏)

## 2. 後ろ身頃の中心を縫い、タックを作る

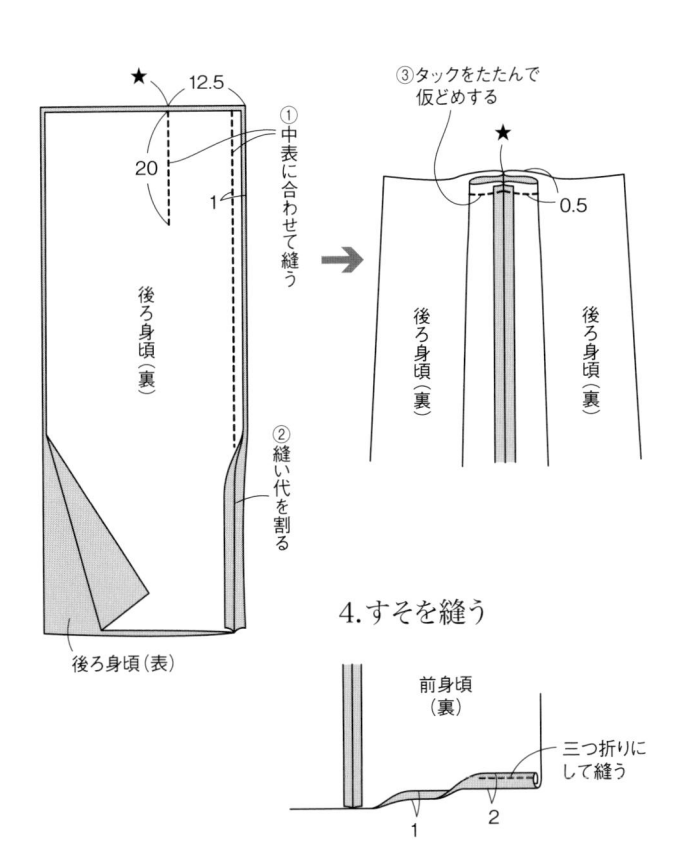

- ★
- 12.5
- 20
- 1
- ①中表に合わせて縫う
- ②縫い代を割る
- 後ろ身頃(表)

- ③タックをたたんで仮どめする
- ★
- 0.5
- 後ろ身頃(裏)
- 後ろ身頃(裏)

## 4. すそを縫う

- 前身頃(裏)
- 三つ折りにして縫う
- 1
- 2

## 3. 肩と脇を縫う

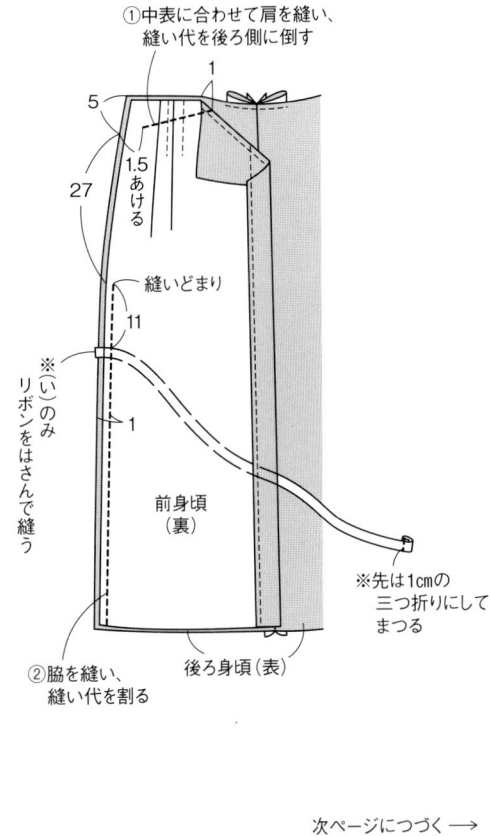

- ①中表に合わせて肩を縫い、縫い代を後ろ側に倒す
- 1
- 5
- 1.5 あける
- 27
- 縫いどまり
- 11
- 1
- ※(い)のみリボンをはさんで縫う
- 前身頃(裏)
- ②脇を縫い、縫い代を割る
- 後ろ身頃(表)
- ※先は1cmの三つ折りにしてまつる

次ページにつづく →

55

## 5. えりを作り、つける

- ①後ろえりぐりを折る
- ②えりつけ寸法(☆)を測る
- ③えりを裁つ（P54製図参照）
- ④中表に二つ折りにして縫い、縫い代を割る
  - 1.5あける
  - 1.5あける
  - えり(裏)
  - えりつけ寸法(☆)
- ⑤表に返して整える
- ⑥わ側を縫う
  - えり(表)
  - 1.5
  - 0.5
- ⑦仮どめのために縫う
- ⑧身頃のえりぐりに重ねて縫う
  - えり(表)
  - 前身頃(表)
  - 後ろ身頃(表)

### (あ)のみ

丸ゴムにコードストッパーを通して用意し、えりに通す

- 丸ゴム
- コードストッパー
- 結ぶ

## 6. (い)のみ、そでを作り、つける

- そで(裏)
- カフス(裏) Z/2
- ①中表に二つ折りにして縫い、縫い代を割る
- ③外表に二つ折りにする
- カフス(表)
- ②上糸調子を強くして粗いミシン目で2本縫う
- ※そで下になる
- 0.2
- 0.5
- ④カフスの寸法に合わせてそで口にギャザーを寄せて縫う
- ※内側にカフス
- ⑤そでをつける（P36の5⑦参照）
- ※カフスの縫い目はそで下に合わせる
- そで(裏)

## 7. (あ)のみ、ポケットを作り、つける

- ポケット(裏)
- ①三つ折りにして縫う
- ②3辺を折る
- 前身頃(表)
- ③縫いつける
- 脇
- 17

# 和布ネックレス

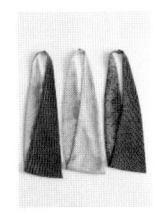

→ Photo P30

**材料**
着物a……1枚
着物b……1枚
直径1cmのスナップボタン……1組

**作り方** ※布端の処理はP33参照
1 ストールの1辺を縫う
2 表裏のストールを縫い合わせ、スナップボタンをつける

● 製図　単位＝cm　Z＝着物幅
F、Gは着物の使用部分（P33参照）

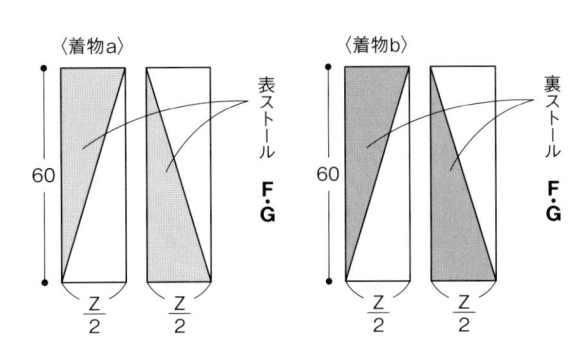

▢と▢はストールの使用部分

〈着物a〉 表ストール F・G　60　Z/2　Z/2

〈着物b〉 裏ストール F・G　60　Z/2　Z/2

● でき上がり図
※100
裏ストール
表ストール
※作品のサイズ

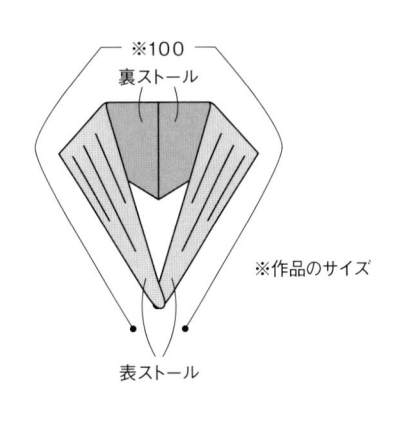

## 1.ストールの1辺を縫う

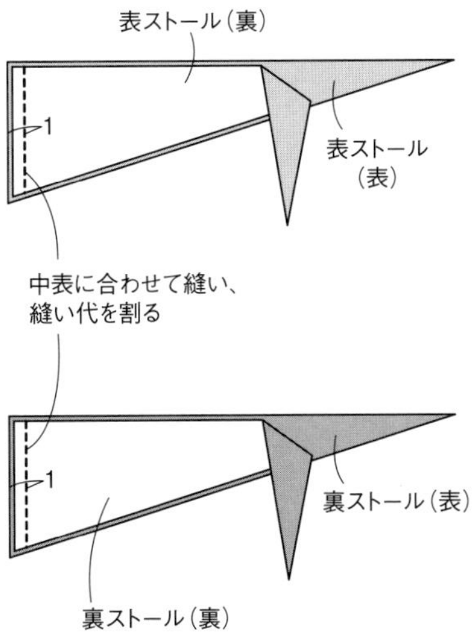

表ストール（裏）
表ストール（表）
中表に合わせて縫い、縫い代を割る
裏ストール（裏）
裏ストール（表）

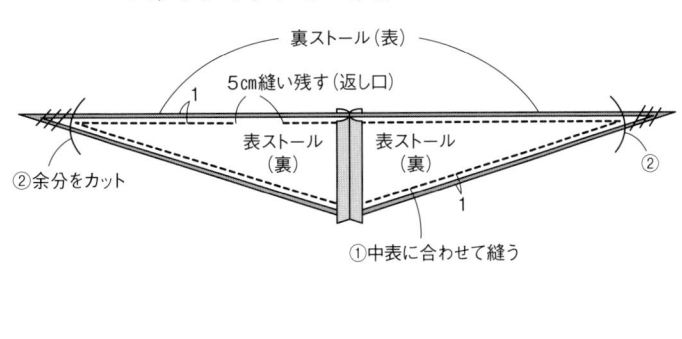

## 2.表裏のストールを縫い合わせ、スナップボタンをつける

裏ストール（表）
5cm縫い残す（返し口）
表ストール（裏）
表ストール（裏）
②余分をカット
②
①中表に合わせて縫う

↓

③表に返して整え、返し口をまつる
④（凹）をつける
④スナップボタン（凸）をつける
裏ストール（表）
表ストール（表）

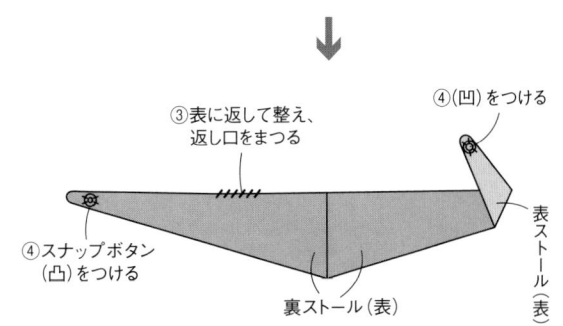

## カジュアルバルーン

→ Photo P16, 17

チュニック(あ) 　ワンピース(い)

**材料**
着物……1枚
1cm幅のゴムテープ……90cm(あ)、100cm(い)
1.2cm幅の伸びどめ接着テープ……30cm×2本

**作り方** ※布端の処理はP33参照
1 前身頃のえりぐりを作る
2 前後中心をそれぞれ縫う
3 肩と脇を縫う
4 すそを縫い、ゴムテープを通す
5 カフスを作り、つける

● 製図　　単位＝cm　Z＝着物幅
A～Dは着物の使用部分(P33参照)

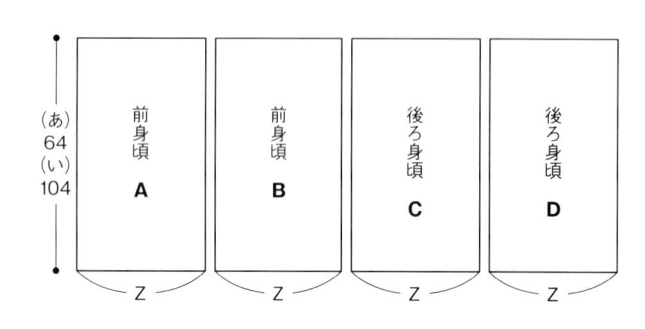

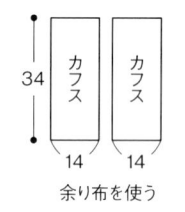

(あ) 64 / (い) 104

| A 前身頃 | B 前身頃 | C 後ろ身頃 | D 後ろ身頃 |

Z　Z　Z　Z

34

カフス　カフス
14　14
余り布を使う

● でき上がり図

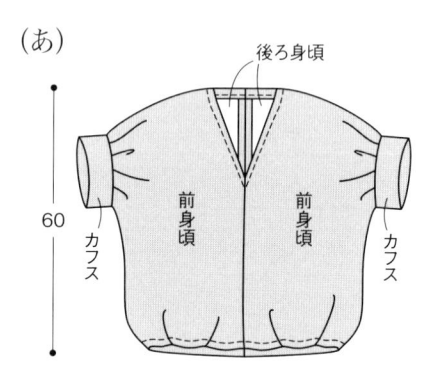

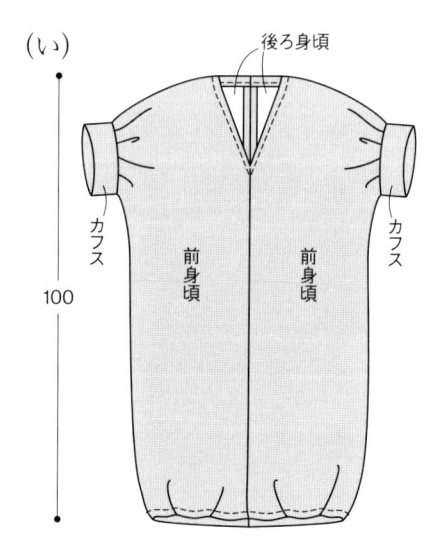

(あ) 60
後ろ身頃／前身頃／前身頃／カフス／カフス

(い) 100
後ろ身頃／前身頃／前身頃／カフス／カフス

### 1. 前身頃のえりぐりを作る

①折り目をつける
10　10
②伸びどめ接着テープを貼る
25
①
②
前身頃(裏)　前身頃(裏)

→

③折り山で折る
④縫う
前身頃(裏)　前身頃(裏)

58

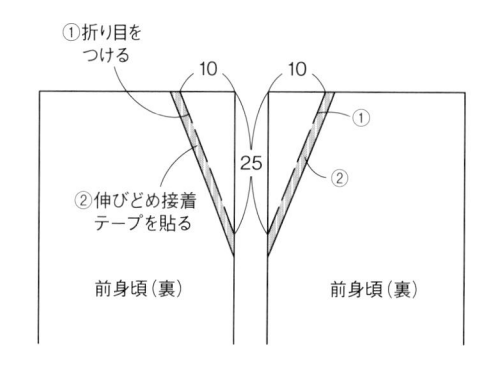

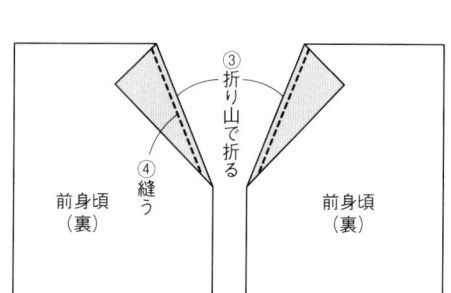

## 2. 前後中心をそれぞれ縫う

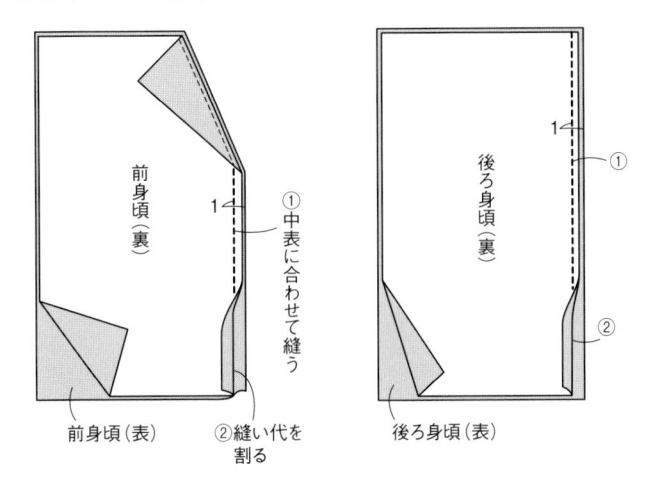

前身頃（裏）／前身頃（表）
① 中表に合わせて縫う
② 縫い代を割る

後ろ身頃（裏）／後ろ身頃（表）

## 3. 肩と脇を縫う

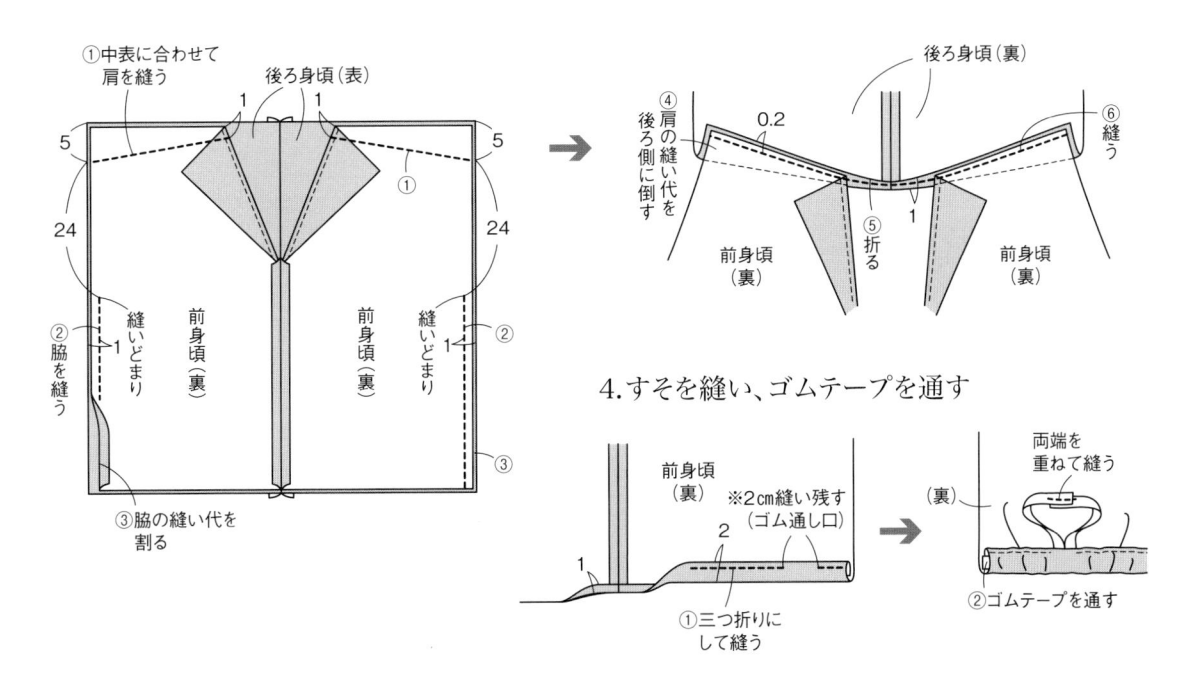

① 中表に合わせて肩を縫う
後ろ身頃（表）
前身頃（裏）
縫いどまり
② 脇を縫う
③ 脇の縫い代を割る

④ 肩の縫い代を後ろ側に倒す
後ろ身頃（裏）
⑤ 折る
⑥ 縫う
前身頃（裏）

## 4. すそを縫い、ゴムテープを通す

前身頃（裏）
※2cm縫い残す（ゴム通し口）
① 三つ折りにして縫う

両端を重ねて縫う
（裏）
② ゴムテープを通す

## 5. カフスを作り、つける

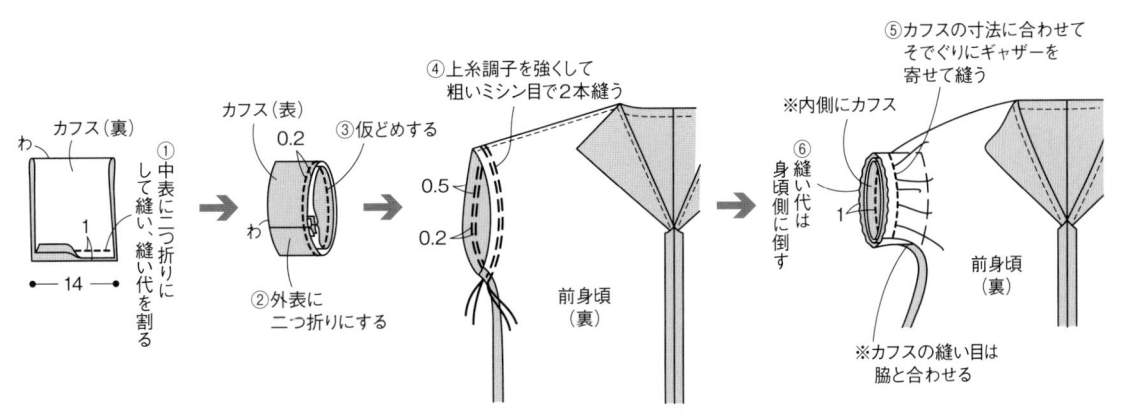

カフス（裏）
わ
14
① 中表に合わせて二つ折りにして縫い、縫い代を割る

カフス（表）
わ
② 外表に二つ折りにする
③ 仮どめする

④ 上糸調子を強くして粗いミシン目で2本縫う
前身頃（裏）

⑤ カフスの寸法に合わせてそでぐりにギャザーを寄せて縫う
※内側にカフス
⑥ 縫い代は身頃側に倒す
※カフスの縫い目は脇に合わせる
前身頃（裏）

# はおりローブ

→ Photo P26, 27

ショート（あ）　ロング（い）

### 材料
（あ）
着物……1枚
1.2cm幅の伸びどめ接着テープ
　……30cm×2本
（い）
着物……1枚
1.2cm幅の伸びどめ接着テープ
　……30cm×2本
直径2.5cmのボタン……6個
直径1.2cmのスナップボタン……6組

### 作り方　※布端の処理はP33参照
1. 前身頃のえりぐりを作り、ダーツを縫う
2. 後ろ中心を縫い、タックを作る
3. 肩と脇を縫う
4. 後ろえりぐりを縫う
5. そでを作り、つける
6. すそを縫う
7. 【（あ）のみ】ポケットを作り、つける
   【（い）のみ】ボタンをつける（でき上がり図参照）

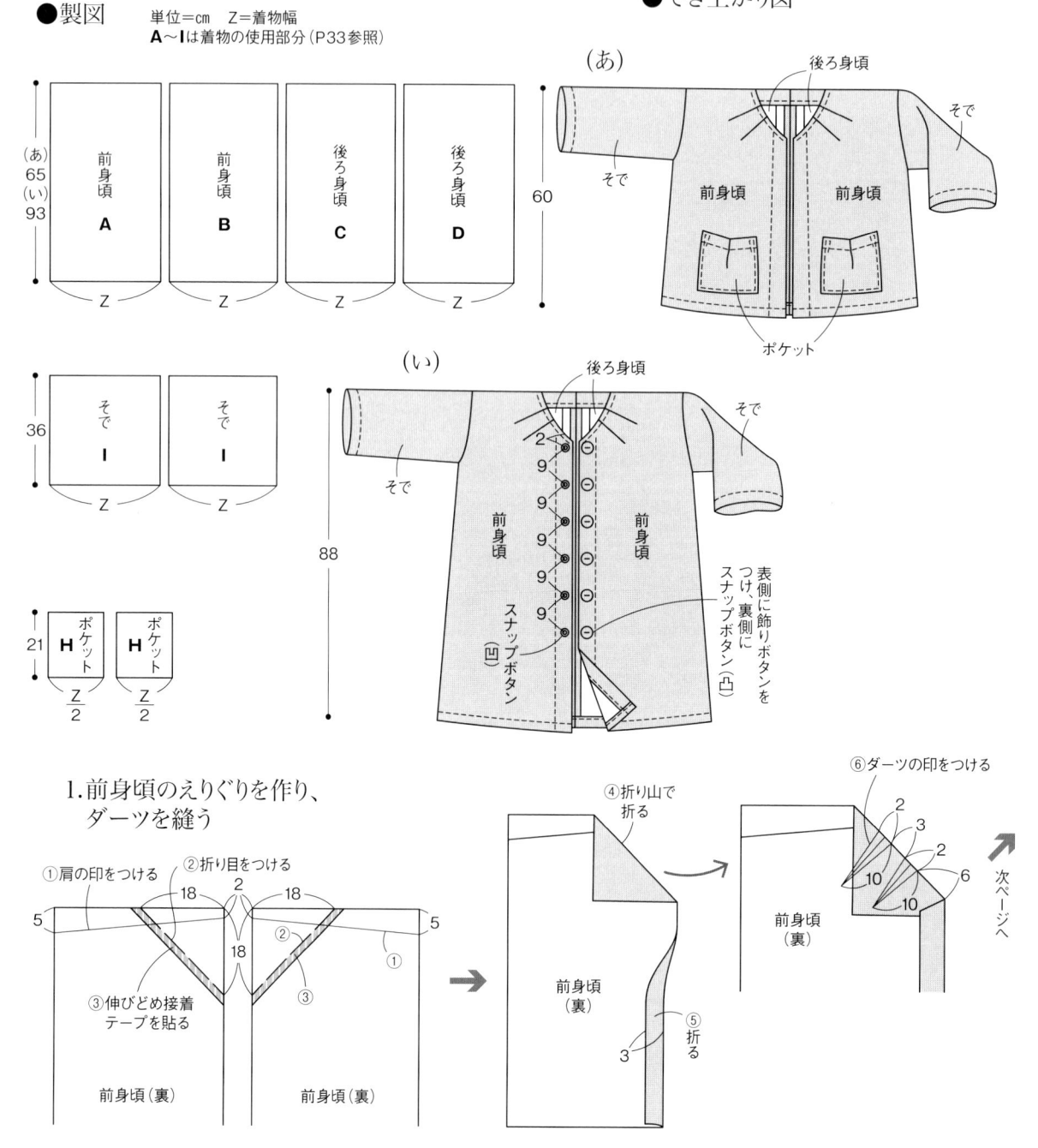

●製図　単位＝cm　Z＝着物幅
A〜Iは着物の使用部分（P33参照）

（あ）65　（い）93

前身頃 A ｜ 前身頃 B ｜ 後ろ身頃 C ｜ 後ろ身頃 D
Z ｜ Z ｜ Z ｜ Z

36
そで I ｜ そで I
Z ｜ Z

21
ポケット H ｜ ポケット H
Z/2 ｜ Z/2

●でき上がり図

（あ）60
後ろ身頃／そで／前身頃／ポケット

（い）88
後ろ身頃／そで／前身頃／スナップボタン（凹）／表側に飾りボタンをつけ、裏側にスナップボタン（凸）
2・9・9・9・9・9・9

## 1. 前身頃のえりぐりを作り、ダーツを縫う

①肩の印をつける　②折り目をつける
5　18　2　18　5
③伸びどめ接着テープを貼る
前身頃（裏）　前身頃（裏）

④折り山で折る
前身頃（裏）
⑤折る　3

⑥ダーツの印をつける
2　3　2
10　10　6
前身頃（裏）

次ページへ

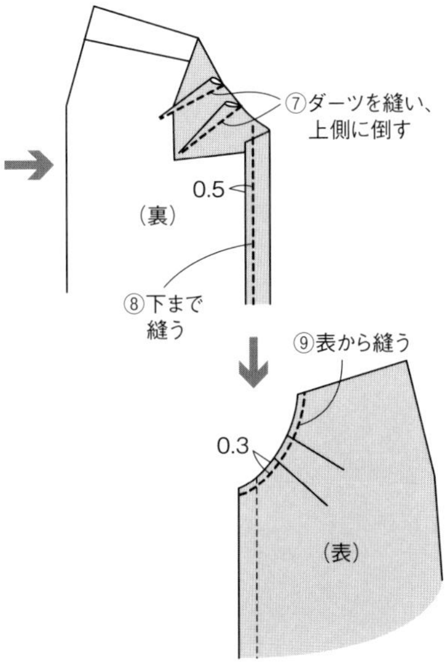

## 2. 後ろ中心を縫い、タックを作る

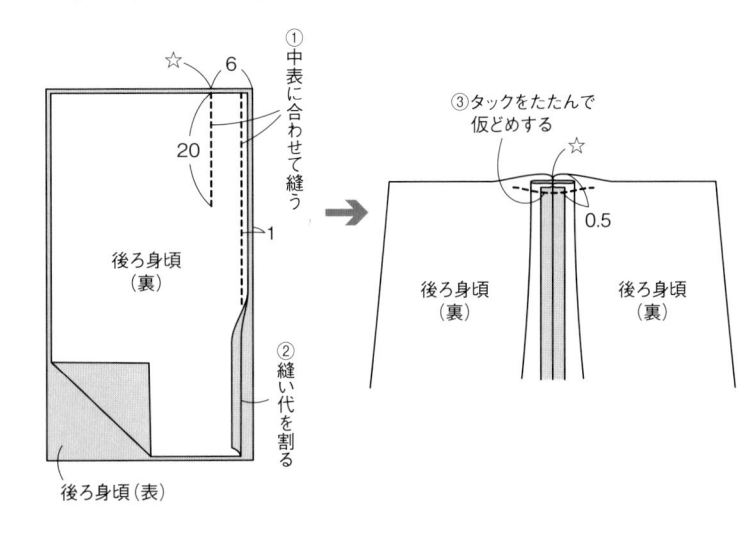

⑦ダーツを縫い、上側に倒す
0.5
(裏)
⑧下まで縫う
⑨表から縫う
0.3
(表)

①中表に合わせて縫う
☆
6
20
後ろ身頃(裏)
1
②縫い代を割る
後ろ身頃(表)

③タックをたたんで仮どめする
☆
0.5
後ろ身頃(裏)　後ろ身頃(裏)

## 3. 肩と脇を縫う

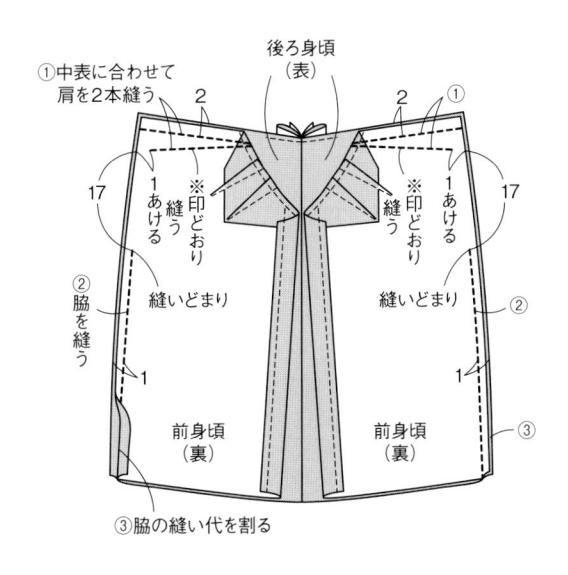

①中表に合わせて肩を2本縫う
後ろ身頃(表)
2　2　①
17　1あける　※印どおり縫う　※印どおり縫う　1あける　17
②脇を縫う
縫いどまり　縫いどまり
前身頃(裏)　前身頃(裏)
1　1
③
③脇の縫い代を割る

## 4. 後ろえりぐりを縫う

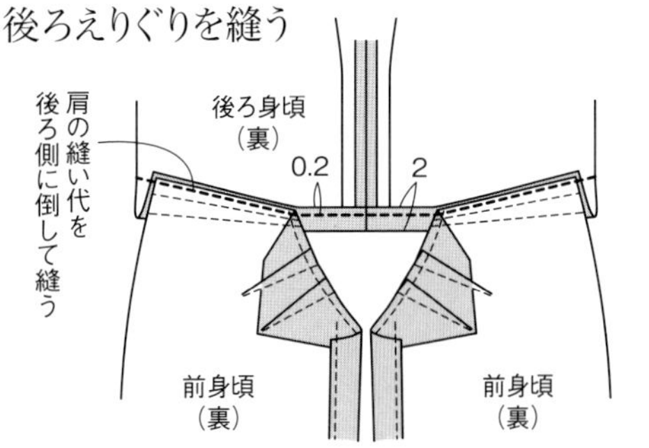

肩の縫い代を後ろ側に倒して縫う
後ろ身頃(裏)
0.2　2
前身頃(裏)　前身頃(裏)

## 5. そでを作り、つける

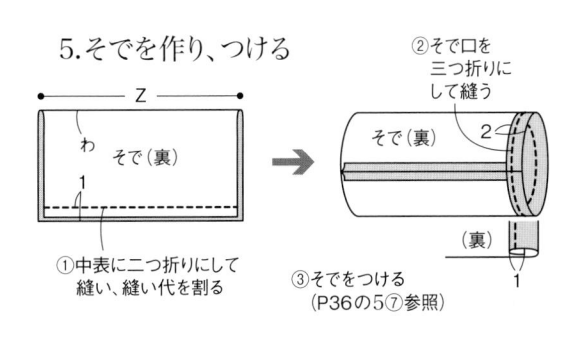

Z
わ
そで(裏)
1
①中表に二つ折りにして縫い、縫い代を割る

②そで口を三つ折りにして縫う
そで(裏)
2
(裏)
1

③そでをつける
(P36の5⑦参照)

## 6. すそを縫う

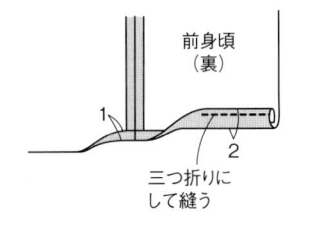

前身頃(裏)
1
2
三つ折りにして縫う

## 7. (あ)のみ、ポケットを作り、つける

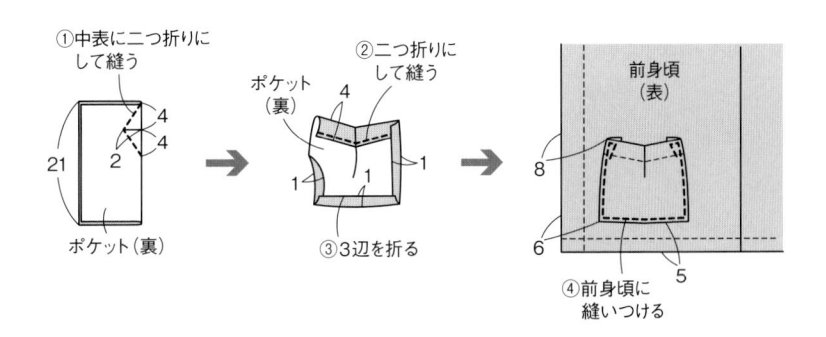

①中表に二つ折りにして縫う
4
2
21
ポケット(裏)

②二つ折りにして縫う
ポケット(裏)
4　4
1　1
③3辺を折る

前身頃(表)
8
6　5
④前身頃に縫いつける

## エプロンワンピース

→ Photo P28, 29

ショート（あ） 　ロング（い）

**材料**
着物……1枚
1.2cm幅のゴムテープ……85cm×1本

**作り方**　※布端の処理はP33参照
1. 胸あてを作る
2. 肩ひもを作る
3. 布ループを作り、つける
4. スカートを作る
5. ポケットを作り、つける
6. スカートに胸あてと肩ひもをつける

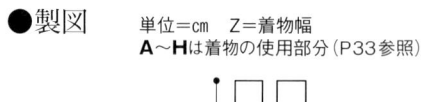

●製図　単位＝cm　Z＝着物幅
A～Hは着物の使用部分（P33参照）

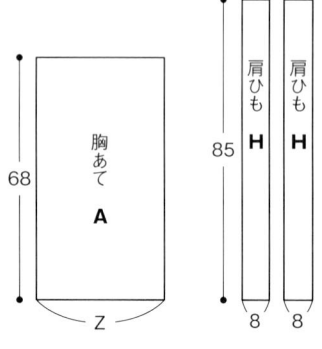

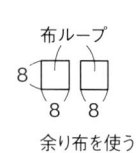

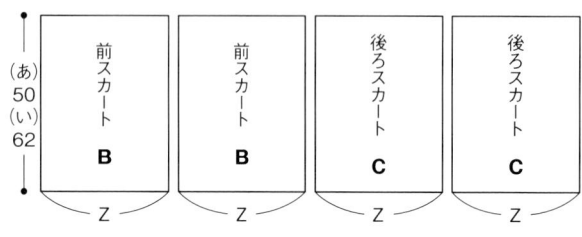

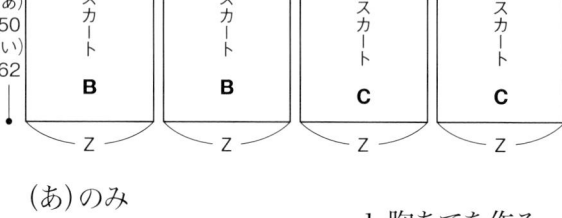

胸あて A　68　Z
肩ひも H　85　8
肩ひも H　8
布ループ　8×8　余り布を使う

前スカート B　Z
前スカート B　Z
後ろスカート C　Z
後ろスカート C　Z
（あ）50／（い）62

（あ）のみ
ポケット F　22　Z/2
ポケット F　Z/2

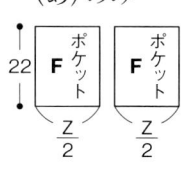

（い）のみ
ポケット　19　26　布目
余り布を使う

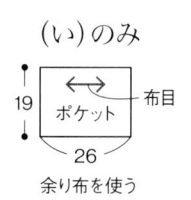

●でき上がり図

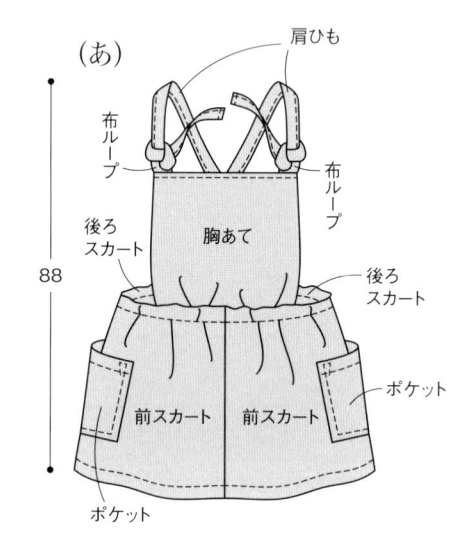

（あ）
肩ひも／布ループ／胸あて／後ろスカート／ポケット／前スカート　88

（い）
肩ひも／布ループ／ポケット／後ろスカート／前スカート　100

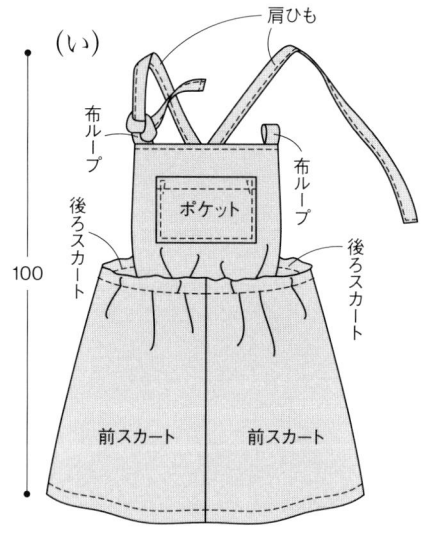

**1. 胸あてを作る**
①中表に二つ折りにして両端を縫う
68　1　1　胸あて（裏）　わ

↓
③上端を折る
②　1
（裏）
②縫い代を割る

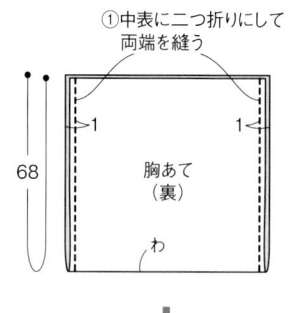

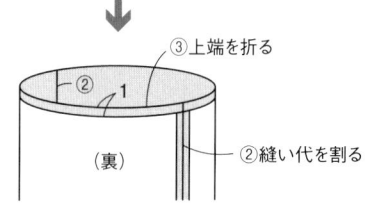

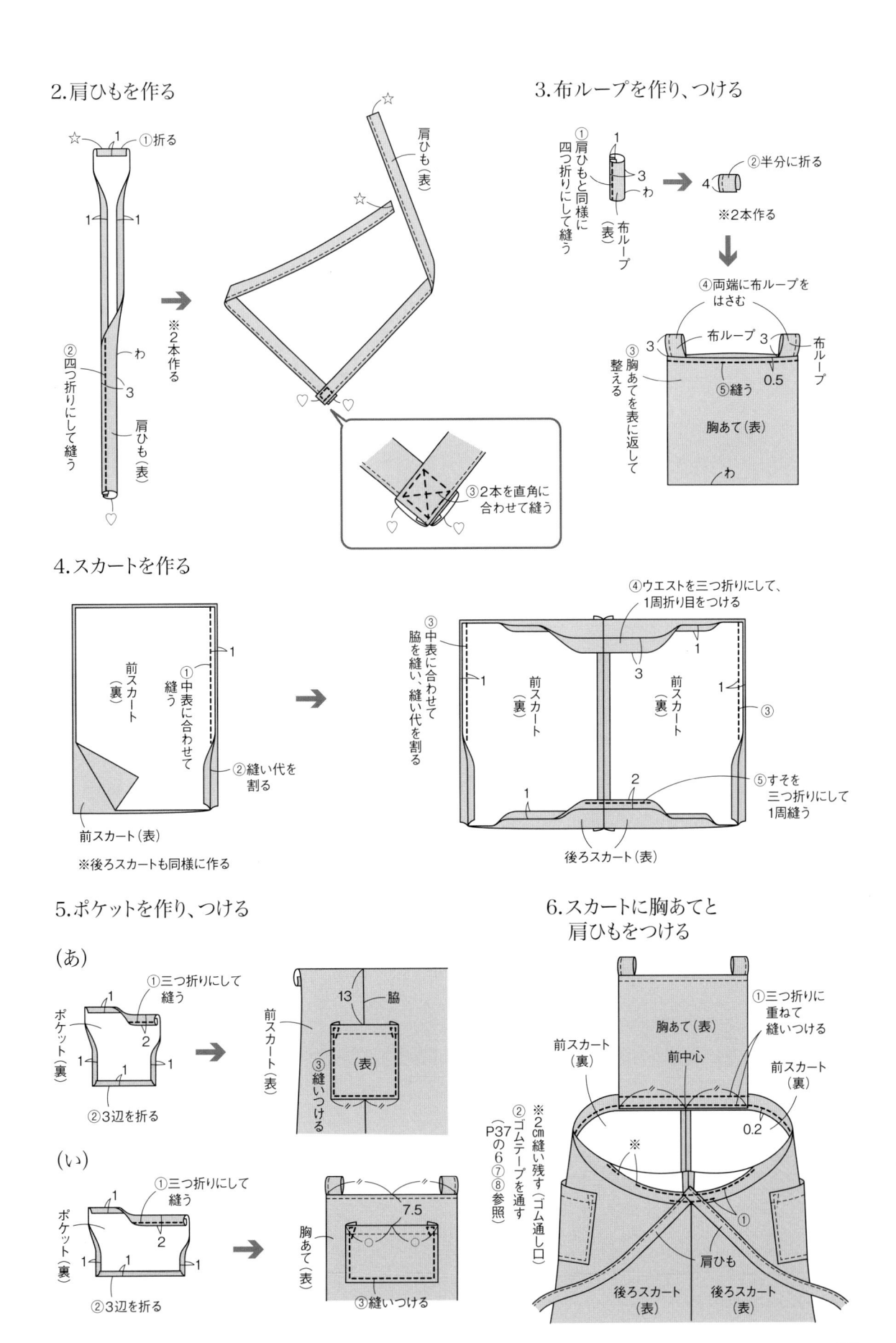

## 2. 肩ひもを作る

① 折る
② 四つ折りにして縫う
※2本作る
肩ひも（表）
③ 2本を直角に合わせて縫う

## 3. 布ループを作り、つける

① 肩ひもと同様に四つ折りにして縫う
布ループ（表）
② 半分に折る
※2本作る
④ 両端に布ループをはさむ
③ 胸あてを表に返して整える
⑤ 縫う
胸あて（表）
布ループ

## 4. スカートを作る

① 中表に合わせて縫う
② 縫い代を割る
前スカート（裏）
前スカート（表）
※後ろスカートも同様に作る

③ 中表に合わせて脇を縫い、縫い代を割る
④ ウエストを三つ折りにして、1周折り目をつける
⑤ すそを三つ折りにして1周縫う
前スカート（裏）
後ろスカート（表）

## 5. ポケットを作り、つける

（あ）
① 三つ折りにして縫う
② 3辺を折る
ポケット（裏）
③ 縫いつける
前スカート（表）
13 脇

（い）
① 三つ折りにして縫う
② 3辺を折る
ポケット（裏）
③ 縫いつける
胸あて（表）
7.5

## 6. スカートに胸あてと肩ひもをつける

① 三つ折りに重ねて縫いつける
② ゴムテープを通す（P37の⑥⑦⑧参照）
※2cm縫い残す（ゴム通し口）
胸あて（表）
前スカート（裏）
前中心
前スカート（裏）
0.2
肩ひも
後ろスカート（表）
後ろスカート（表）

63

## Profile

### 松下純子
Junko Matsushita
(Wrap Around R.)

神戸出身、大阪府在住。文学部を卒業後、水着パタンナーとして就職。2005年にWrap Around R.（ラップアラウンドローブ）を立ち上げ「着物が持つ豊かな柄や素材を、今の暮らしにあったカタチにして提案したい」という思いから、着物の幅を生かした服作りをコンセプトに活動し評判に。現在、テレビや雑誌で活躍中。築80年の町家を再生したアトリエ兼ショールームでは、着物リメイク教室や「暮らしを、継ぐ。」をテーマにさまざまな展覧会、ワークショップを開催している。アトリエ名はRojiroom（ロジルーム）。

著書に『型紙いらずの着物リメイク・ドレス』『型紙いらずの着物リメイク・ワードローブ』『型紙いらずの着物リメイク・パンツ&スカート』『型紙いらずの「黒着物」リメイク』（ともに河出書房新社）、『ゼロからはじめる手縫いの楽しみ ちくちく和小物』（青春出版社）など。

ホームページ「Wrap Around R.」http://w-a-robe.com/
教室の日程、展覧会の情報などはこちら。

本書の内容に関するお問い合わせは、
お手紙かメール（jitsuyou@kawade.co.jp）にて承ります。
恐縮ですが、お電話でのお問い合わせは
ご遠慮くださいますようお願いいたします。

| 衣装協力 | fog linen work |
| --- | --- |
| | 東京都世田谷区代田 5-35-1-1F |
| | 電話03-5432-5610 |

### Staff

| ブックデザイン | 釜内由紀江（GRID） |
| --- | --- |
| | 石川幸彦（GRID） |
| 撮影 | 下村しのぶ（カナリアフォトスタジオ） |
| スタイリング | 池水陽子 |
| ヘアメーク | 梅沢優子 |
| モデル | 松永ちさと |
| 製図と作り方原稿 | 網田洋子 |
| 編集協力 | 岡田範子 |
| トレース | 松尾容巳子 |
| 編集 | 斯波朝子（オフィスCuddle） |

本書に掲載されている作品及びそのデザインの無断利用は、個人的に楽しむ場合を除き、著作権法で禁じられています。本書の全部または一部（掲載作品の画像やその作り方図等）を、ホームページに掲載したり、店頭、ネットショップ等で配布、販売したりするには、著作権者の許可が必要です。

## 型紙いらずの着物リメイク
## チュニック&ワンピース

2015年7月30日初版発行
2024年10月30日14刷発行

| 著者 | 松下純子 |
| --- | --- |
| 発行者 | 小野寺優 |
| 発行所 | 株式会社河出書房新社 |
| | 〒162-8544 |
| | 東京都新宿区東五軒町2-13 |
| | 電話　03-3404-1201（営業） |
| | 　　　03-3404-8611（編集） |
| | https://www.kawade.co.jp/ |

印刷・製本　TOPPANクロレ株式会社
ISBN978-4-309-28536-8

Printed in Japan

落丁本・乱丁本はお取り替えいたします。
本書のコピー、スキャン、デジタル化等の無断複製は著作権法上での例外を除き禁じられています。本書を代行業者等の第三者に依頼してスキャンやデジタル化することは、いかなる場合も著作権法違反となります。